Élever des poules

collection 100% jardin

Avant-propos

L'élevage de poules ou autres volailles dans votre jardin ou votre cour est un mode de vie rythmé et égayé par le comportement de votre équipe de pondeuses. Les unes semblent très affairées et se déplacent avec sérieux et gravité, d'autres inspectent le sol en permanence à la recherche de vers imprudents. Évidemment, vous profitez de la prime quotidienne d'un œuf frais pondu tous les matins. Et par-dessus tout, vous serez assuré que vos oiseaux mènent une vie heureuse et détendue dans un milieu quasiment naturel, avec un régime alimentaire sain.

L'élevage de volailles, dans un enclos grillagé de votre jardin ou en liberté si vous disposez d'assez d'espace, est un retour aux bases de la vie, au contact quotidien de la terre et des saisons ; de plus, quand on vit en harmonie avec la campagne, le cycle de la vie devient clair. Tous les passionnés de volailles, et surtout leurs enfants, sont fascinés par le spectacle des poussins qui brisent leur coquille pour pénétrer dans un monde nouveau.

Il y a bien entendu des inconvénients à cet élevage. Vous devrez veiller en permanence à protéger les volailles de leurs prédateurs, tels que les renards et les rats, mais ce problème n'est pas insurmontable si le poulailler est robuste et bien construit, et si les clôtures sont assez élevées. Avant tout, n'entrez pas dans cet univers si vous ne pouvez être disponible sept jours sur sept, tout au long de l'année. Les tâches quotidiennes d'alimentation en eau et en nourriture, et de collecte des œufs ne doivent pas être négligées. Rappelez-vous que des poules heureuses pondent les œufs les plus savoureux, en plus grand nombre.

Édition originale : The Henkeeping
© 2011 New Holland Publishers (UK) Ltd, London
Conception de la coll. "Specialist" :
© 2004 AG&G Books

Illustrations et photographies :
© 2011 New Holland Publishers (UK) Ltd
Auteur : David Squire (sauf p. 13 haut, ill. Lise Herzog)

Édition française
Traduction : Catherine Bricout
Direction éditoriale : Delphine Blétry
Édition : Thierry Olivaux, Mathilde Piton et Laurence Alvado,
Conception graphique : Emmanuel Chaspoul
Mise en page : Sophie Compagne/Albert&Cie
Fabrication : Annie Botrel
Couverture : Véronique Laporte

ISBN 978-2-03-5856944
Dépôt légal : février 2012

L'univers de la volaille

Que signifie « volaille » ?

La gamme des volailles élevées pour leurs œufs et leur chair est vaste, comprenant surtout les poules et les canards, mais aussi les pintades et les cailles, dans une proportion inférieure, qui ont, comme les poules, des adeptes enthousiastes. Le nombre de poules élevées pour leurs œufs et leur chair dépasse largement celui des autres volailles, avec un chiffre mondial actuel estimé à 28 milliards, dont l'augmentation est envisagée.

Quelle est l'origine des poules domestiquées ?

Les poules ont été domestiquées et élevées pour leurs œufs et leur chair il y a 10 000 ans. Connues sous le nom scientifique de *Gallus gallus domesticus*, on a longtemps pensé qu'elles avaient d'abord été domestiquées en Inde, mais aujourd'hui, l'Asie du Sud-est et probablement le Vietnam semblent une hypothèse plus juste.

De l'Inde, la domestication se répandit en Asie Mineure, puis en Grèce il y a environ 7 000 ans, et en Égypte sous la XVIIIe dynastie (1550-1292 av. J.-C.). Les poules sont maintenant connues et élevées dans le monde entier.

Quel est l'ancêtre de la poule ?

On pensait autrefois que la poule domestiquée descendait de *Gallus gallus* et *Gallus sonneratii* (coq de Sonnerat). La génétique moderne indique que l'ancêtre le plus probable est le coq de Sonnerat.

LA VOLAILLE DOMESTIQUÉE

Poules grandes races

Elles sont très prisées et le choix des races est large (voir pages 10 à 22).

Pintades

Elles mangent des graines, nichent au sol et rappellent la perdrix (voir page 73).

Cailles

Elles sont parentes du faisan et classées dans le gibier à plume (voir page 72).

Poules naines

Plus petites que les grandes races, elles sont appréciées comme pondeuses (voir pages 23 à 27)

Canards

Plus faciles à élever que les poules, les canes sont souvent des pondeuses plus prolifiques (voir pages 68-71).

Apprendre à connaître les poules

Sont-elles faciles à reconnaître ?

L'identification d'un poulet de base est facile, car on le connaît bien, mais il existe de nombreuses races (voir pages 10 à 22) ainsi que des races de poules naines (voir pages 23 à 27). La majorité des individus que l'on rencontre sont des poules (femelles) qui produisent les œufs consommés dans le monde entier. Le mâle est le coq (appelé « coquelet » dans son jeune âge, jusqu'à 12 mois).

Comment reconnaître une poule d'un coq ?

Les poules sont généralement plus petites et plus légères que les mâles de leur espèce. Dans la section traitant des races (voir pages 10 à 27), les poids des poules et des coqs sont indiqués. Un coq a également des plumes de queue plus voyantes et une crête plus colorée et remarquable. Il est aussi enclin à se pavaner et à dominer les poules. C'est lui qui chante le célèbre « cocorico » matinal peu apprécié des voisins, surtout dans les zones urbaines.

La décision d'avoir un coq est abordée pages 50-51 et dépend de votre vision des œufs – purement alimentaire ou pour l'élevage. Pour un simple amateur, il est conseillé de se cantonner aux poules.

Les plumes

Les races se distinguent par leurs couleurs, leur silhouette et leur taille. Un trait particulièrement marquant est leur plumage souvent extraordinairement coloré. Des races sont de couleur unie et d'autres offrent des motifs compliqués.

Qu'est-ce qu'un poulet ?

Le poulet est un mâle ou une femelle élevé pour sa chair et abattu avant l'âge de 3 mois environ, avant d'avoir atteint sa maturité sexuelle. À cet âge, la viande est tendre et la peau souple.

Psychologie de la poule

Les poules sont curieuses, intelligentes et sociables, et vous amuseront en permanence. Elles viendront toujours voir ce que vous faites – attention à ne pas leur marcher sur les pattes ! Les naines sont réputées plus intelligentes et il est sûr qu'elles sont plus vives dans leurs mouvements.

LES TYPES DE CRÊTE

Tous les coqs et poules ont une crête sur la tête, qui est souvent plus importante chez le coq. Leur forme et leur couleur varient d'une race à l'autre ; beaucoup sont rouges, mais certaines sont pourpres. La crête n'est pas seulement destinée à établir le prestige du coq et à le rendre séduisant pour le sexe opposé ; elle a pour fonction de rafraîchir l'oiseau quand la température est élevée. D'ailleurs, le sang circulant librement dans une crête, celle-ci est aussi sensible par temps froid, surtout si elle est grande. Une couche de vaseline est une bonne protection par ce temps. Il existe plusieurs types de crête :

Rosacée ou frisée

La crête est presque plate sur la tête, large, robuste et très charnue. La partie principale présente une surface arrondie parsemée de petites protubérances rondes. Elle se termine par un éperon à l'arrière de la tête.

Simple

Elle est mince et attachée au bec et le long du crâne. Sur le dessus, 5 ou 6 profondes rainures forment des crétillons pointus. Ce type de crête est le plus courant.

En noix

La crête est très basse et doit son nom à sa forme. La surface est rugueuse.

En cornes

Également appelée « crête en V », elle est double et présente l'aspect de cornes jointes à la base.

À pois ou triple

Basse à trois rangées. La rangée centrale est un peu plus élevée et grosse que les deux autres.

En couronne ou en gobelet

La crête en forme de gobelet à dents espacées régulièrement ressemble à une couronne. Elle a une texture fine.

L'ordre hiérarchique

En vivant avec vos poules, vous constaterez qu'elles vous ont admis comme chef – au sommet de l'ordre du picage – car vous distribuez la nourriture et, à ce titre, méritez tout leur respect. Selon le sexe, l'approche sera différente.

- **Les coqs :** les mâles vous approcheront avec prudence, un contact visuel direct et de lents battements d'ailes.
- **Les poules :** elles vous accueilleront peut-être comme le coq, surtout si elles sont d'humeur guillerette, et avec des battements d'ailes. Dans une crise d'affection, une poule peut aussi escalader vos chaussures et picorer votre pantalon. Cela signifie habituellement qu'elle souhaite être prise dans les bras. Malheureusement, cette attention particulière suscitera des jalousies parmi ses congénères.

Chamailleries entre poules

Des prises de bec se produisent parfois entre des poules qui ont des doutes sur l'ordre hiérarchique. Évitez de les séparer à la main ; aspergez-les délicatement d'eau propre. Si les disputes se renouvellent, mieux vaut reloger l'une d'entre elles ailleurs.

Introduire une nouvelle poule dans un groupe établi

Cela peut être délicat, mais les traditions suggèrent des méthodes pour éviter les problèmes, entre autres :

- attendre la nuit, quand il fait complètement noir ;
- frotter d'ail la poule qui doit être introduite.

Élever des poules

Quelles sont les implications ?

Avant de se lancer dans l'aventure, il est essentiel de comprendre ce qu'elle implique comme temps passé, coût initial et à long terme, et quelles règles locales et nationales vous devrez observer. La liste de questions ci-dessous aborde des points essentiels – du rapport temps-dépense et plaisir jusqu'aux réactions des voisins. Assurez-vous toujours de la bienveillance de ceux-ci avant d'élever des poules.

LES QUESTIONS IMPORTANTES

Coûts et résultats : cela vaut-il la peine ?

Vous ne ferez pas fortune en élevant vos poules, ni n'économiserez beaucoup sur vos dépenses d'alimentation. Mais vous connaîtrez l'origine des œufs, serez sûr de leur fraîcheur, de la nourriture qui a permis de les produire et que les pondeuses ont mené une vie paisible. Les œufs sont l'un des aliments les plus propres qui existent, car leur coquille les protège de la saleté et des microbes.

Le nombre idéal de poules

Six poules fourniront des œufs à une famille pendant un an. Si vous ajoutez un coq, c'est le nombre de poules dont il peut s'occuper. Les poules ont besoin de compagnie. Si vous n'avez qu'une seule poule, elle se tournera sans doute vers vous pour lui procurer une vie sociale !

Œufs ou viande ?

La plupart des éleveurs amateurs s'intéressent uniquement aux œufs. Une liste des meilleures pondeuses est donnée en page 8. Les poules qui sont élevés pour la chair et les œufs sont également listées en page 8.

Longévité d'une poule

Les races pures peuvent vivre jusqu'à 10 ans (selon les races) ; c'est beaucoup plus que les hybrides qui meurent souvent avant d'atteindre l'âge de 5 ans. La plupart des races commencent à pondre entre 18 et 22 mois, mais rappelez-vous que le nombre des œufs diminue avec l'âge de la poule. La plupart des poules arrêtent de pondre à l'âge de 5 ans.

Les poules sont-elles bruyantes ?

S'il n'y a pas de coq au milieu de vos poules (et il n'est pas nécessaire pour obtenir des œufs), le niveau sonore n'est pas gênant. Les poules feront cependant du tapage si elles sont attaquées ou effrayées. Quelques-unes chantent après avoir pondu.

Règles et réglementations

L'élevage des poules sur vos terres ou votre lotissement est étonnamment simple.

- D'abord, vérifiez sur votre acte de propriété que vous êtes légalement autorisé à élever des poules.
- Si vous élevez moins de cinquante poules, vous n'avez rien à déclarer. Au-delà de cinquante poules âgées de plus de 30 jours, votre élevage sera assimilé à une exploitation agricole et devra être déclaré.
- Vérifiez auprès des autorités locales qu'aucun arrêté ne vous interdit cet élevage sur votre terrain ou consultez le règlement de lotissement.
- Parlez avec vos voisins et vérifiez qu'ils ne s'opposent pas à votre projet ; cette courtoisie vous garantira leur bienveillance et évitera tout malentendu ultérieur. Les inviter à visiter le poulailler et leur présenter les poules aplanit généralement les difficultés – surtout si vous offrez quelques œufs.

Les coqs sont toujours bruyants, mais ils ne sont pas indispensables à la production des œufs.

LES QUESTIONS IMPORTANTES (SUITE)

Les poules sont des animaux grégaires et la vie en petit groupe est le comble de leur bonheur.

Les poules et les animaux domestiques

Au début, les chiens et les chats examineront avec curiosité ces « nouveaux » dans la maison, mais généralement, ils s'en désintéressent rapidement. Il est toutefois bon de surveiller qu'ils ne se blessent pas mutuellement – tout dépend du caractère du chien ou du chat.

Les poules en cage grillagée ne courent aucun risque, mais celles qui picorent dans la cour ou sont élevées en plein air constituent un problème différent.

- **Les chiens :** les poules pourchassées et stressées par les chiens cesseront au mieux de pondre, si elles ne sont pas tuées. Si un chien tue une poule, ordonnez-lui de s'asseoir et tenez la poule morte devant lui tout en le réprimandant d'une voix dure. Généralement, les jeunes chiens apprennent vite à regarder sans toucher, notamment après avoir reçu un coup de bec sur la truffe de la part de la poule dominante. Parfois, un chien jouera un rôle protecteur ; il rassemblera les poules et aboiera pour attirer votre attention si des prédateurs menacent les poules.
- **Les chats :** la curiosité initiale est rapidement remplacée par le respect et l'indifférence mutuelle. Les poussins sont cependant vulnérables quand ils ne sont pas accompagnés de leur mère qui devient un adversaire redoutable si sa couvée est menacée.

Les poules échappées

Les poules qui s'échappent et pénètrent dans les jardins voisins provoquent toujours des problèmes. Elles mangent les plantes, grattent et retournent la terre, et sèment une pagaille dont vous êtes légalement responsable. Si vous prenez toutes les précautions pour garder vos poules bien enfermées, votre responsabilité est moindre. Néanmoins, un litige peut coûter de l'argent et du temps, et mieux vaut vérifier régulièrement l'état des portes et clôtures.

Attention, contrairement aux oies et aux canards, les poules n'ont pas de droit de passage sur les routes, et si un automobiliste en tue une par accident, il n'a aucune obligation de vous dédommager.

Et les vacances ?

Si vous êtes absent une seule journée, nourrissez et abreuvez vos poules de bonne heure. Mais si vous devez rentrer tard, augmentez la dose de nourriture ou demandez à un voisin de veiller sur elles. Les mangeoires et abreuvoirs automatiques sont précieux dans ces circonstances.

Quand vous prenez un congé de plusieurs jours, ou plus, assurez-vous que la « nounou » de service a des connaissances élémentaires de leur comportement et des soins. Laissez une note écrite décrivant les quantités d'eau et de nourriture à leur fournir, et à quels moments, pour éviter toute erreur.

Votre chat apprendra à vivre avec les poules, mais les chats du voisinage peuvent poser des problèmes.

Choisir la race

Que faut-il rechercher ?

Avant l'achat, vous devez décider de la taille de l'oiseau : normale ou naine (voir page 10). Votre préférence va-t-elle aux œufs ou à la viande, ou aux deux (voir ci-dessous et page 39, les races à privilégier). Certaines poules ont un tempérament charmant et décontracté qui en font des animaux de compagnie idéaux pour les enfants – en même temps que de bonnes pondeuses – comme les Poules soie, noires ou blanches (voir pages 18 et 19).

Existe-t-il de nombreuses races ?

Il existe des centaines de races de poules et de naines (bantams), de tailles et couleurs multiples, et avec des qualités de pondeuses variées. Certaines races pures ont une longue ascendance et sont bien connues des amateurs, alors que d'autres sont plus récentes, comme les hybrides. Chaque type a ses mérites qui sont décrits en page 9.

Œufs et poussins

La présence d'un coq est essentielle pour la production de poussins (voir pages 48-49) mais pas pour la production d'œufs.

Un groupe de six poules dans leur poulailler : elles sont en bonne compagnie.

POUR LES ŒUFS OU POUR LA CHAIR ?

Dans un espace limité à quelques poules, on choisit souvent des races réputées pour leurs qualités de pondeuses ; elles durent généralement quelques années jusqu'à ce que l'élevage ne soit plus rentable et qu'on tue alors les poules (voir pages 40-41). Les races élevées pour la chair ont une longévité moindre que les poules pondeuses. Quelques races sont idéales tant pour la ponte que pour la table.

Races de ponte

- Australorp (page 11)
- Faverolles (page 14)
- Leghorn (page 15)
- Marans coucou (page 16)
- Plymouth Rock (page 18)
- Plymouth Rock barrée (page 18)
- Rhode Island rouge (page 20)
- Sussex blanche herminée noire (page 20)
- Wyandotte (pages 21 et 22)

Races de chair

- Dorking (page 13)
- Langshan Croad (page 15)
- Rhode Island rouge (page 20)

Races mixtes

- Australorp (page 11)
- Marans (page 16)
- Orpington fauve (page 17)
- Plymouth Rock (page 18)
- Plymouth Rock barrée (page 18)
- Rhode Island rouge (page 20)
- Sussex blanche herminée noir (page 20)
- Wyandotte (pages 21 et 22)

La Poule soie noire est une race très originale et caractérisée, au tempérament docile et sociable.

DIX RACES POPULAIRES

Le choix des races est personnel et varie d'une région à une autre et d'un pays à un autre. Certaines races sont privilégiées pour leurs qualités de ponte, d'autres pour leurs qualités de chair, quelques-unes pour leur charme et leur caractère. Voici les dix races les plus prisées :

- Araucana (page 10)
- Barnevelder (page 11)
- Black Rock (page 11)
- Dorking rouge à liseré noir (page 13)
- Orpington fauve (page 17)
- Poules soie (pages 18 et 19)
- Rhode Island rouge (page 20)
- Sussex fauve herminée noir (page 21)
- Welsumer (page 21)
- Wyandotte (pages 21 et 22)

Que sont les races pures ?

Ce sont des races populaires de longue date et qui, reproduites en élevage, restent fidèles au type original. Les poules présentent la personnalité typique de la race, contrairement aux hybrides (voir ci-contre) qui sont un croisement de deux races. Les races pures offrent un large choix de tailles, couleurs et plumages. Elles pondent généralement plus longtemps que les hybrides, mais ont davantage l'instinct de couver et sont donc enclines à cesser de pondre pendant un temps. Il est parfois plus difficile de se procurer des poules de race pure et elles sont plus coûteuses à l'achat. Ce sont néanmoins les races vers lesquelles se dirigent les éleveurs débutants.

Que sont les races hybrides ?

Elles commencèrent à être développées dans les années 1950 en réponse à une demande croissante d'œufs. Elles sont le résultat du croisement de deux races pures, telles que Rhode Island, Marans et Leghorn. Les hybrides ne transmettent pas fidèlement leurs caractéristiques à leur descendance et sont en fait parfois stériles, mais sont prisées pour les qualités héritées de leurs parents.

Les poules hybrides sont généralement faciles à soigner, n'ont pas de velléités de couver et sont des pondeuses fiables. Malheureusement, la ponte diminue souvent après la première saison. De plus, elles ont souvent des problèmes de ponte et deviennent parfois agressives dans un groupe de races pures.

Une poule entourée de sa couvée de poussins est l'illustration typique et idyllique de l'élevage.

Les poules sont des expertes de la recherche de nourriture sur le sol.

Les races de poules

Existe-t-il de nombreuses races ?

Les poules sont domestiquées depuis des milliers d'années, et pendant ce temps, de nombreuses races différentes ont évolué. Vous avez le choix entre des races pures et des hybrides (voir page 9), des grandes poules et des naines (voir ci-dessous). Voici la description de 37 races populaires et de 7 races naines. Achetez toujours vos oiseaux chez un éleveur de bonne réputation, qui vous fournira des animaux sains, témoins de la qualité de son élevage.

Poule ou poule naine (bantam) ?

La gamme des poules, naines ou non, est très large, et toutes les jeunes boules de duvet sont particulièrement charmantes.

Les grandes poules sont plus populaires chez les éleveurs familiaux, car leurs œufs sont plus gros que ceux des poules naines et elles fournissent davantage de chairs. Certaines naines sont issues de croisements sélectifs visant à créer des versions de grande poule de taille réduite ; d'autres, les « vraies » naines, sont naturellement petites et n'ont pas d'équivalent en grande taille. Les naines sont souvent élevées pour leurs qualités ornementales et beaucoup sont d'excellentes compagnes pour les enfants. Un autre atout des naines est qu'elles exigent moins d'espace et consomment moins de nourriture. Elles sont également enclines à vouloir couver, ce qui facilite la tâche de ceux qui souhaitent les reproduire (voir pages 50 à 53).

Araucana

Cette race légère, à plumage soyeux, présente plusieurs spécificités, dont des toupets d'oreilles (« oreillards ») et une absence de queue. L'American Poultry Club reconnaît cinq variantes de couleur (noir, blanc, rouge à camail noir, argenté, µdoré) et le Poultry Club of Great Britain accepte quatre types (grand à queue, nain à queue, grand sans queue et nain sans queue).

Caractère : poule alerte et active, à croissance rapide et maturité précoce. Les Araucana ont l'instinct de couvaison et sont d'excellentes mères.

Œufs : 150 à 180 par an, parfois davantage.

Couleur des œufs : bleu – toute la coquille est imprégnée.

Poids : poule, 2,3 à 2,7 kg ; coq, 2,7 à 3,2 kg.

Origine : Amérique du Sud ; elles tiennent leur nom des Araucans, Indiens du nord du Chili. Cette race fut introduite en Europe pour la première fois au début des années 1900. À ne pas confondre avec l'Ameraucana, une race d'ascendance imprécise et à caractères variables.

Araucana noire

Australorp

Cette race lourde a un plumage soyeux d'un noir lustré à riches reflets verts. Le corps est large et semblable à celui de l'Orpington, mais plus profond et plus long, avec un plumage plus plat. Cette race mixte produit des œufs en abondance et est idéale pour la table. Les oiseaux sont très actifs et ont des yeux brun sombre. La face est dénuée de plumes et à peau blanche ; la plante des pieds et les ongles sont blancs.

Caractère : placide et sociable.

Œufs : 200 par an, souvent davantage. Les poules sont réputées pour leurs qualités de pondeuses ; en 1922-1932, six poules ont établi un record du monde en produisant une moyenne de 309 œufs sur une période de 365 jours.

Couleur des œufs : brun clair.

Poids : poule, 2,9 à 3,6 kg ; coq, 3,4 à 4,5 kg.

Origine : la race a été créée en Australie à partir d'Orpington et introduite en Grande-Bretagne en 1921. Le nom Australorp serait une abréviation d'Australian Black Orpington, mais les opinions divergent à ce sujet.

Barnevelder

La variété à double liseré est la plus connue de cette poule robuste, à plumage soyeux, à la poitrine arrondie, aux épaules larges et aux ailes courtes et hautes. La tête est nette, ornée d'un bec jaune court marqué d'un point sombre ; les yeux sont orange, les tarses et les pattes jaunes. Les plumes du corps sont d'une couleur de fond brun chaud, avec un liseré noir et des reflets verts. Les plumes de cou sont noires, également à reflets verts ; celles du mâle sont bordées de brun acajou.

Caractère : poule alerte, bien équilibrée, à bon caractère et généralement amicale avec les enfants. Elle est encline à la paresse, et par conséquent, l'idéal est de l'élever en plein air afin qu'elle puisse faire beaucoup d'exercice. Elle couve assez volontiers et fait une bonne mère.

Œufs : 180 à 200 par an

Couleur des œufs : brun roux foncé.

Poids : poule, 2,7 à 3,2 kg ; coq, 3,1 à 3,6 kg.

Origine : entre 1850 et 1875, des poules Cochin, Brahma, Langshan et Combattant Malais arrivèrent d'Asie en Hollande et furent croisées avec la poule locale. C'est ainsi que naquit la race Barnevelder dans la région de Barneveld, un peu avant 1914.

Barnevelder à double liseré

Black Rock

Cette race hybride est dotée d'un plumage dense qui procure une bonne protection non seulement contre le temps froid et humide, mais aussi contre les poux rouges. Le plumage est à prédominance noire avec une coloration variable de châtain autour du cou.

Caractère : sociable et docile, ces poules ne se stressent pas aisément, et par conséquent, la taille du bec n'est généralement pas nécessaire. Leur système immunitaire très développé en fait des sujets idéaux pour les activités de plein air et leur assure une longue vie de ponte.

Œufs : 280 par an, souvent plus. La qualité et la couleur de la coquille restent constantes.

Couleur des œufs : brun.

Poids : poule, 3,4 kg ; coq, 3,6 kg.

Origine : les hybrides de première génération sont issus de l'élevage Harco/Arbor Acres d'Amérique du Nord et de variétés sélectionnées de mâles Rhode Island rouge et de femelles Plymouth Rock barrées. Ils sont maintenant vendus dans le monde entier, généralement par l'intermédiaire d'éleveurs de volailles sous licence qui ont amélioré la race tout en conservant ses caractéristiques essentielles.

Brahma blanche herminée noir

Cette race lourde, à plumage soyeux, donne des oiseaux imposants et massifs à dos large et corps profond ; la queue est courte et les tarses sont emplumés. La tête est petite avec des sourcils saillants et une minuscule crête à pois. Le plumage est abondant, ce qui donne une impression de volume. La couleur de fond est blanche, et les plumes de camail noir et blanc. Les faucilles sont noires et les lancettes blanches. Pendant des décennies, il n'exista que deux variétés, claire et foncée. D'autres apparurent, dont le blanc et le fauve herminé, la perdrix maillé, le noir, le coucou. Chez toutes les variétés, les yeux, la crête et les oreillons sont rouges, et les tarses d'un jaune vif caractéristique.

Caractère : social et placide, c'est un animal de compagnie idéal pour les enfants et prisé dans les expositions. Elle n'est pas nerveuse, ni craintive et n'est généralement pas agressive envers les humains, surtout quand on la manipule régulièrement dès son plus jeune âge.

Œufs : 80 à 100 par an, parfois un peu plus.

Couleur des œufs : bruns et tachetés.

Poids : poule, 4 kg ; coq, 4,5 kg.

Origine : la Brahma est une poule asiatique, originaire d'Inde (voir plus de détails ci-dessous).

Brahma perdrix maillé doré

Cette race lourde, à plumage soyeux, donne des oiseaux imposants et massifs à dos large et corps profond ; la queue est courte et les tarses sont emplumés. La tête est petite avec les sourcils saillants et la crête triple.

Caractère : social et placide, c'est un animal de compagnie idéal pour les enfants et prisée dans les expositions. Elle n'est pas nerveuse, ni craintive et n'est généralement pas agressive envers les humains.

Œufs : 80 à 100 par an, parfois un peu plus.

Couleur des œufs : brun et tacheté.

Poids : poule, 4 kg ; coq, 4,5 kg.

Origine : la Brahma est une poule asiatique, originaire de la région du Brahmapoutre, connue sous le nom de Chittagong grise. Elle fut importée en Amérique du Nord en 1846 et fut d'abord connue sous le nom de Brahma-Pootra, raccourci en Brahma. La race fut développée aux États-Unis, puis introduite en Grande-Bretagne en 1852. Pendant des décennies, il n'exista que deux variétés, claire et foncée. D'autres apparurent dont le blanc et le fauve herminé. Chez toutes les variétés, les yeux, la crête et les oreillons sont rouges, et les tarses d'un jaune vif caractéristique.

Cochin fauve

Cette très grande race lourde, à plumage soyeux, affiche d'abondantes plumes courtes et larges, de couleur fauve. Les oiseaux ont une silhouette arrondie et volumineuse. Ils souffrent de problèmes cardiaques. Les tarses sont jaunes, les oreillons rouges et les yeux rouge-orangé. Les tarses et les pattes sont couverts de plumes, ce qui peut parfois poser problème si une poule est lâchée dans de l'herbe haute et humide.

Caractère : poule sociable, docile et assez active, mais sa nature tranquille et paresseuse en fait un bon animal de compagnie, d'autant qu'elle vit 8 à 10 ans. Elle ne vole pas et une clôture basse suffit. Elle a l'instinct maternel.

Œufs : 140 par an.

Couleur des œufs : brun, généralement rosé.

Poids : poule, 3,8 kg ; coq, 4 à 4,5 kg.

Origine : la Cochin est arrivée de Chine au début des années 1850 et fut initialement connue sous le nom de Shang-Haï et Cochinchinoise. Outre le fauve, il existe des variétés noire, bleue, coucou, blanche, perdrix maillé doré et noir caillouté blanc. Ces variétés sont celles qui sont homologuées en France, il en existe d'autres non homologuées.

Coucou des Flandres

Cette race de volailles trapues, de taille moyenne, donne des oiseaux bien charpentés. La crête est simple et les yeux sont de couleur rouge-orangé. Le coq est de couleur plus claire que la poule.

Caractère : elle a besoin d'espace. Elle couve bien et est une excellente mère.

Œufs : 150 par an.

Couleur des œufs : crème clair.

Poids : poule, 2 à 2,5 kg ; coq, 2,5 à 3 kg.

Origine : région Nord-Picardie et Flandres belges ; sa création remonte aux années 1875-1880.

Dorking argenté saumoné

Race lourde à plumage soyeux, pattes courtes et robustes, à cinq doigts (la plupart des poules en ont quatre) et corps rectangulaire. Dans le passé, elle était élevée essentiellement pour sa chair, mais elle est appréciée maintenant pour ses œufs comme pour sa chair. La crête des coqs est dressée alors que celle des poules est pliée sur le côté. En raison de sa taille assez importante, la crête de cet oiseau demande une protection par temps froid. Il existe des variétés rouge à liseré noir (voir ci-dessous), coucou et blanche.

Caractère : généralement calme, silencieux, timide et docile ; une jolie poule appréciée des amateurs et idéale pour les expositions.

Œufs : 120 à 130 par an, parfois plus.

Couleur des œufs : blanc, parfois teinté de rose.

Poids : poule, 3,2 à 4,5 kg ; coq, 4 à 5,4 kg.

Origine : il semblerait que la Dorking ait été introduite dans les îles Britanniques par les Romains ; des chapons étaient élevés pour les banquets. Elle est mentionnée pendant le règne de Jules César (100-44 av. J.-C.) par l'écrivain Columelle qui décrit les animaux de ferme.

Dorking rouge à liseré noir

Race lourde à plumage soyeux, qui produit de gros œufs et une chair excellente. En fait, les Dorking étaient extrêmement prisées à l'origine pour leur viande blanche. La variété rouge est un oiseau très foncé et caractéristique.

Caractère : généralement calme, silencieux, timide et docile.

Œufs : 120 à 130 par an, parfois plus. Les poules pondent plus volontiers au printemps et en été qu'en automne et en hiver.

Couleur des œufs : blanc, parfois teinté de rose.

Poids : poule, 3,2 à 4,5 kg ; coq, 4 à 5,4 kg.

Origine : voir ci-dessus (Dorking argenté saumoné).

Faverolles

Cette race mixte lourde, à plumage soyeux, produit des œufs de calibre moyen et une chair très fine. Elle a la particularité de continuer à pondre en hiver. Le corps est puissant et la tête large et arrondie, avec une barbe et des favoris, et des yeux rouge-orangé. Les tarses rosâtres sont légèrement emplumés, jusqu'aux doigts externes. Les deux variétés reconnues en France sont la froment argenté (ou saumoné clair) et la coucou.

Caractère : paisible, sociable et doux, c'est un animal de compagnie idéal pour les enfants. Les poules sont vives et actives, et font de bonnes mères. Cette race convient autant à l'élevage en plein air qu'en enclos.

Œufs : 160 par an.

Couleur des œufs : brun clair ou crème.

Poids : poule, 2,9 à 3,4 kg ; coq, 3,6 à 4 kg.

Origine : originaire du village de Faverolles, en Eure-et-Loir, elle fut créée au milieu du XIXe siècle ; son ascendance comprend la Houdan, la Coucou de Rennes, la Dorking, la Brahma et peut-être la Cochin.

Frisée

Cette race lourde, originale, se caractérise par un plumage frisé dont chaque plume est roulée vers l'avant de l'oiseau. Les poules sont essentiellement présentées dans les expositions-concours, mais peuvent être élevées pour leurs œufs et leur chair. À l'éclosion des œufs, les poussins ont des plumes normales, mais dès que les plumes des ailes se développent, elles se tournent vers l'extérieur. Il existe plusieurs variétés : blanche, noire, bleue et fauve.

Caractère : doux ; se comporte bien en plein air et en enclos grillagé.

Œufs : 160 par an.

Couleur des œufs : brun crème ou teinté de brun.

Poids : poule, 2,7 kg ; coq, 3,6 kg.

Origine : on pense qu'elle est originaire d'Asie du Sud-Est, de Java et des Philippines.

Hambourg

Race légère et originale, à plumage soyeux, toujours séduisante. Il existe plusieurs variétés superbes : blanche, noire, perdrix maillé argenté, dorée pailletée et perdrix maillé doré. La plus répandue est cependant la forme argentée pailleté argenté avec le blanc en couleur de fond et une pastille noire à l'extrémité de chaque plume.

Caractère : vif et actif, avec un naturel sociable mais inconstant. Elle déteste le confinement et il est préférable de l'élever en enclos en plein air.

Œufs : 240 par an.

Couleur des œufs : blanc luisant.

Poids : poule, 1,8 kg ; coq, 2,3 kg.

Origine : race légère très ancienne, originaire de Hollande et connue en Angleterre depuis plus de trois siècles, surnommée « pondeuse hollandaise de tous les jours ». Le développement actuel de la race doit beaucoup aux sélectionneurs britanniques.

Hambourg perdrix maillé doré

Langshan Croad

Race lourde à plumage soyeux. De haute taille, elle a une poitrine longue et profonde ; le dos assez long et droit, et la queue haute lui confèrent une silhouette caractéristique en forme de U. La tête paraît petite par rapport au corps et le bec est couleur corne, plus ou moins clair.

Caractère : ces poules s'adaptent bien, tant à des espaces confinés qu'à la vie en plein air. Ce sont plutôt des animaux de climat chaud, mais elles ne sont pas trop exigeantes. Les poules sont de bonnes mères et leurs capacités de production ne diminuent pas en hiver.

Œufs : 180 par an.

Couleur des œufs : brun avec un reflet prune.

Poids : poule, 3,2 kg ; coq, 4 kg.

Origine : district de Langshan, au nord du Yangzi Jiang, en Chine. En 1872, le commandant Croad les introduisit en Grande-Bretagne et la descendance reçut le nom de Langshan Croad. Elles furent importées en Amérique du Nord en 1878 et plusieurs variétés - blanche, noire et bleue - furent bientôt développées. En 1879, la race fut introduite en Allemagne et fut à l'origine de la Langshan allemande.

Legbar crème

Outre la variété crème, il existe des variétés dorées et argentée de cette race légère et assez rare. Ce sont des oiseaux fermes et musculeux, à corps triangulaire, large aux épaules et s'effilant vers le croupion. Le bec est fort et la crête est grenade et dressée, composée de cinq à sept dents régulières. La huppe à l'arrière de la tête est plus petite chez le mâle que chez la femelle. La face est rouge et lisse, le bec jaune et les oreillons pendants sont blancs ou crème. Les tarses et les quatre doigts sont jaunes, dépourvus de plumes.

Chaque poussin femelle présente une bande sombre ou noire sur la tête, qui se prolonge sur le corps, et une marque nette au niveau de l'œil ; le poussin mâle a un duvet plus pâle, une bande plus pâle sur le dos et une marque faible ou absente au niveau de l'œil. Il est facile de repérer les mâles et de les écarter.

Caractère : alerte et éveillé.

Œufs : 170 par an.

Couleur des œufs : généralement bleu, mais parfois olive.

Poids : poule, 2 à 2,7 kg ; coq, 2,7 à 3,4 kg.

Origine : croisement entre la Leghorn dorée et la Plymouth Rock barrée, avec un peu de sang d'Araucana.

Leghorn

Race légère à plumage soyeux, oreillons blancs, tarses jaunes et yeux rouges. Les tarses sont longs et dépourvus de plumes, terminés par quatre doigts. Les poules sont de bonnes pondeuses et ne cherchent pas à couver. Ce sont généralement des oiseaux bruyants, actifs et tout à fait aptes à voler au-dessus d'une clôture basse - veillez à ce que la clôture s'élève au moins à 1,80 m. Il existe de multiples variétés : blanche, doré saumoné clair, doré saumoné foncé, noire, coucou et perdrix.

Caractère : aussi bien adapté au plein air qu'à un grand enclos. Cette race se porte mieux sous climat chaud, car la crête des coqs souffre du froid et des intempéries (une couche de vaseline est une bonne protection).

Œufs : 200 par an, souvent plus.

Couleur des œufs : blanc.

Poids : poule, 2,5 kg ; coq, 3,4 kg.

Origine : Leghorn est une déformation anglaise de Livorno (Livourne), en Italie, d'où ces poules sont originaires ; elles arrivèrent aux États-Unis en 1853 où elles furent d'abord baptisées Italiennes. Elles furent introduites en Grande-Bretagne au milieu des années 1800.

Marans coucou

Cette race mixte lourde, à plumage soyeux, produit de gros œufs et une chair excellente. Cet oiseau, de hauteur moyenne, a une bonne largeur et profondeur pour la production de viande. La tête est nette, avec une crête simple, et la queue est portée haute ; les yeux sont rouge-orangé, les oreillons rouges et les tarses blancs. Outre la Marans coucou, il existe plusieurs variétés : noire à camail cuivré, noire, fauve à queue noire, blanche.

Caractère : actif, mais docile et agréable.

Œufs : 150 à 180 par an.

Couleur des œufs : brun chocolat profond.

Poids : poule, 3,2 kg ; coq, 3,6 kg.

Origine : la race est originaire de France et tire son nom de la ville de Marans, au nord-est de La Rochelle. Dans sa région natale, elle prospère dans des terrains caillouteux ou marécageux et convient donc très bien à l'élevage en plein air.

Marans froment (française)

Race lourde au plumage serré au corps, à deux fins, qui produit de gros œufs et une chair excellente. L'oiseau est de hauteur moyenne, avec un corps large et profond, excellent pour la production de viande. La tête est nette, avec une crête simple, et la queue est légèrement relevée ; les yeux sont rouge-orangé, les oreillons rouges et les tarses blancs. Les poussins présentent une tache blanche sur la tête, plus grande chez les mâles que chez les femelles, ce qui permet de les sexer assez facilement. Outre la Marans noir froment, il existe plusieurs variétés : noir à camail cuivré, noir à camail argenté, bleu à camail cuivré, coucou à camail argenté, coucou à camail doré, blanche, noire, blanc herminé noir, fauve acajou à queue noire, froment doré.

Caractère : actif et agréable.

Œufs : 170 à 180 par an.

Couleur des œufs : roux très foncé.

Poids : poule, 2,6 kg ; coq, 3,5 kg.

Origine : la race est originaire de France et tire son nom de la ville de Marans, au nord-est de La Rochelle.

Marans noir cuivré (française)

Marans noir cuivré

Cette race mixte lourde, à plumage soyeux, produit de gros œufs et une chair excellente. L'oiseau est de hauteur moyenne, avec un corps large et profond, excellent pour la production de viande. La tête est nette, avec une crête simple, et la queue est légèrement relevée ; les yeux sont rouge-orangé, les oreillons rouges et les tarses blancs. Les poussins présentent une tache blanche sur la tête, plus grande chez les mâles que chez les femelles, ce qui permet de les sexer assez facilement. Outre la Marans noir à camail cuivré, il existe plusieurs variétés : noir à camail argenté, bleu à camail cuivré, coucou à camail argenté, coucou à camail doré, blanche, noire, blanc herminé noir, fauve acajou à queue noire, froment doré.

Caractère : actif et agréable.

Œufs : 170 à 180 par an.

Couleur des œufs : roux très foncé.

Poids : poule, 2,6 kg ; coq, 3,5 kg.

Origine : la race est originaire de France et tire son nom de la ville de Marans, au nord-est de La Rochelle.

Minorque

D'abord dénommée Espagnole à face rouge, cette race légère est la plus grande et la plus lourde des races méditerranéennes. Elle est très caractérisée, avec une crête rouge vif et de grands oreillons ovales blancs. Le corps est vigoureux et le port élancé. Le principal coloris est le noir, mais il existe aussi des variétés blanche et bleue.

Caractère : l'idéal est de l'élever en plein air, mais elle supporte très bien un grand enclos. Les climats tempérés à chauds lui conviennent. On dit qu'elle était la race préférée de T. E. Lawrence, le légendaire Lawrence d'Arabie.

Œufs : 240 par an.

Couleur des œufs : blanc.

Poids : poule, 3,2 kg ; coq, 3,6 kg.

Origine : elle tire son nom de Minorque, l'île des Baléares d'où elle fut exportée. Ses origines remontent à 1780, ou plus tôt, mais elle ne connut le succès qu'au début des années 1900.

New Hampshire fauve à queue noire

Cette race mixte lourde, à plumage soyeux, produit un peu moins d'œufs que la Rhode Island rouge dont elle descend, mais davantage de chair. Son plumage est duveteux et plus orangé que celui de la Rhode Island rouge et le mâle arbore des plumes de camail jaune-orangé clair. Les tarses sont jaunes et les cuisses robustes et musclées. Ces poules ne sont pas enclines à voler et n'exigent donc pas une clôture élevée.

Caractère : placide, sociable et facile à apprivoiser. Ces poules s'adaptent aussi bien à un enclos qu'à un élevage en plein air. Elles sont rustiques et continuent à pondre par températures basses.

Œufs : 200 à 220 par an, mais parfois moins.

Couleur des œufs : brun.

Poids : poule, 2,9 kg ; coq, 3,8 kg.

Origine : issue de la Rhode Island rouge ; différentes sélections ont abouti au début des années 1900 à une race distincte qui fut reconnue comme nouvelle race en 1935.

Orpington fauve

Cette race mixte lourde, à plumage soyeux, produit des œufs et une chair excellente. La tête est bien dessinée et la crête simple. Il existe plusieurs variétés ; les plus foncées ont les yeux et les tarses sombres, et les plus claires ont les yeux rouges et les tarses blancs. L'exposition au soleil modifie la coloration ; par conséquent, dans les régions très chaudes à fort ensoleillement, il est bon de fournir de l'ombre aux poules. Ce sont des oiseaux assez volumineux, qui ne volent pas,et qui font d'excellentes mères.

Caractère : docile mais actif ; aussi bonne pondeuse qu'animal de compagnie idéal. Les poules aiment être manipulées et l'on dit qu'elles répondent à l'appel de leur nom.

Œufs : 140 à 160 par an ; elles ne font pas de pause en hiver.

Couleur des œufs : brun clair.

Poids : poule, 3,6 kg ; coq, 4,5 kg.

Origine : race anglaise, dénommée d'après un village du Kent et introduite par William Cook en 1894. Il créa une variété noire en 1886 et une variété blanche en 1889.

Plymouth Rock

Plymouth Rock blanche

Cette race populaire est originaire des États-Unis et la première variété fut la Plymouth Rock barrée (voir ci-dessous). Cette race mixte est bonne pondeuse et la chair est excellente. Il existe d'autres variétés prisées, dont la blanche et la fauve. Ce sont de belles volailles au corps long, large et profond.

Caractère : docile, sociable et facile à manipuler. C'est un animal de compagnie idéal pour les enfants. Elle s'adapte aussi bien à l'élevage en plein air qu'en enclos. Son potentiel de ponte n'est pas diminué par la froidure de l'hiver.

Œufs : 200 par an.

Couleur des œufs : brun clair à moyen, avec parfois une touche de rose.

Poids : poule, 3,4 à 3,6 kg ; coq, 4,5 kg.

Origine : son ascendance comprend plusieurs races dont la Cochin, la Brahma, la Java, la Dominicaine et la Minorque.

Plymouth Rock barrée

La barrée est la variété la plus répandue de cette race qui produit de bons œufs et une chair excellente. Elle est assez lourde, à beau plumage collant, corps charnu et barres étroites et précises. Le corps est long, large et profond. Les jeunes poules sont gris foncé à noires avec des taches blanches sur le corps et la tête. Outre la variété coucou, il existe six autres couleurs : bleu, fauve, blanc herminé noir, perdrix maillé doré, perdrix maillé argenté et blanc.

Caractère : docile, calme et bien élevée, c'est un animal de compagnie idéal pour les enfants. Cette pondeuse prolifique n'est pas découragée par les rigueurs de l'hiver.

Œufs : 220 par an, parfois davantage.

Couleur des œufs : brun clair ou jaune d'un jaune profond.

Poids : poule, 3,4 kg ; coq, 3,6 kg.

Origine : croisement entre Dominicaine et la Java noire, elle remonte aux années 1800 en Nouvelle-Angleterre aux États-Unis ; elle a connu le succès dans les années 1920 et a conservé toute sa popularité.

Poule soie blanche

En Amérique du Nord, cette race légère à plumage soyeux est classée dans la catégorie des naines, alors qu'en Europe, elle est plus grande et classée dans les races grandes et légères. Outre la Poule soie blanche, il existe des variétés noire, bleue, fauve, grise et perdrix. Les barbues sont dotées d'un manchon de plumes sous le bec qui couvre les oreillons et les barbillons. Toutes ont une crête en forme de bourrelet aplati, des barbillons très foncés, des petits oreillons bleu turquoise et cinq doigts à chaque patte,

Caractère : vif et sociable, c'est un animal de compagnie idéal pour les enfants. Ce sont de médiocres pondeuses, mais des mères idéales pour couver leurs propres œufs et ceux d'autres poules. Elles sont incapables de voler et des clôtures basses leur suffisent. Elles font peu de dégâts dans les jardins.

Œufs : 80 à 100 par an.

Couleur des œufs : brun clair ou crème.

Poids : poule, 1,4 kg ; coq, 1,8 kg.

Origine : l'origine est incertaine, mais la race est connue depuis des siècles. Ces oiseaux sont arrivés en Europe il y a deux siècles environ et l'on dit qu'ils sont originaires d'Inde, de Chine ou du Japon. À cette époque, on les croyait issus d'un croisement entre des poules et des lapins.

Poule soie bleue

En Amérique du Nord, cette race légère à plumage soyeux est classée dans la catégorie des naines, alors qu'en Europe, elle est plus grande et classée dans les races grandes et légères. Il existe deux formes de Poule soie : barbue et non barbue. Les barbues sont dotées d'un manchon de plumes sous le bec qui couvre les oreillons et les barbillons. Les Poules soie ont cinq doigt à chaque patte, une crête en forme de bourrelet aplati et des petits oreillons bleu turquoise. Les Poules soie bleues sont d'une teinte bleuâtre clair et, d'après certains amateurs, ont l'allure et le tempérament des chats persans. Il existe également des variétés blanche, noire, fauve et perdrix.

Caractère : vif et sociable, c'est un animal de compagnie idéal pour les enfants. Ce sont de médiocres pondeuses, mais des mères idéales pour couver leurs propres œufs et ceux d'autres poules. Elles sont incapables de voler et des clôtures basses leur suffisent. Elles font peu de dégâts dans les jardins.

Œufs : 80 à 100 par an.

Couleur des œufs : brun clair ou crème.

Poids : poule, 1,4 kg ; coq, 1,8 kg.

Origine : race très ancienne, développée en Orient et, très probablement, au Japon.

Poule soie noire

En Amérique du Nord, cette race légère à plumage soyeux est classée dans la catégorie des naines, alors qu'en Europe, elle est plus grande et classée dans les races grandes et légères. Il existe deux formes de Poule soie : barbue et non barbue. Les barbues sont dotées d'un manchon de plumes sous le bec qui couvre les oreillons et les barbillons. Les Poules soie ont cinq doigts à chaque patte, une crête en forme de bourrelet aplati et des petits oreillons bleu turquoise. Outre la variété noire, il existe des variétés blanche, bleue, fauve et perdrix.

Caractère : vif et sociable, c'est un animal de compagnie idéal pour les enfants. Ce sont de médiocres pondeuses mais des mères idéales pour couver leurs propres œufs et ceux d'autres poules. Elles sont incapables de voler et des clôtures basses leur suffisent. Elles font peu de dégâts dans les jardins.

Œufs : 80 à 100 par an.

Couleur des œufs : brun clair ou crème.

Poids : poule, 1,4 kg ; coq, 1,8 kg.

Origine : cette race est très ancienne. On en trouve la première trace dans les récits de Marco Polo (1254-1324) qui mentionne une poule chinoise à fourrure. En 1599, Ulisse Aldrovandi, écrivain et naturaliste italien, parle de poules au plumage « similaire à la laine » et d'autres « ressemblant à des chats noirs ».

Poule soie perdrix

En Amérique du Nord, cette race légère à plumage soyeux est classée dans la catégorie des naines, alors qu'en Europe, elle est plus grande et classée dans les races grandes et légères. Il existe deux formes de Poule soie : barbue et non barbue. Les barbues sont dotées d'un manchon de plumes sous le bec qui couvre les oreillons et les barbillons. Les Poules soie ont cinq doigts à chaque patte, une crête en forme de bourrelet aplati et des petits oreillons bleu turquoise. Cette jolie volaille présente un mélange de coloris de type perdrix. Outre la Poule soie perdrix, il existe des variétés blanche, noire, bleue et fauve.

Caractère : vif et sociable, c'est un animal de compagnie idéal pour les enfants. Ce sont de médiocres pondeuses, mais des mères idéales pour couver leurs propres œufs et ceux d'autres poules. Elles sont incapables de voler et des clôtures basses leur suffisent. Elles font peu de dégâts dans les jardins.

Œufs : 80 à 100 par an.

Couleur des œufs : brun clair ou crème.

Poids : poule, 1,4 kg ; coq, 1,8 kg.

Origine : cette race est très ancienne. On en trouve la première trace dans les récits de Marco Polo (1254-1324) qui mentionne une poule chinoise à fourrure.

Redcap

Cette race mixte légère produite de gros œufs et est appréciée pour sa chair. Les ailes sont bien collées au corps et les plumes sont brun acajou, terminées par une pastille noir bleuâtre. Les tarses et les doigts sont gris plomb. Mais son trait le plus marquant est sa magnifique crête frisée, à petites pointes régulières et éperon arrière bien droit.

Caractère : rustique et active, de nature parfois capricieuse, la Redcap éprouve le plus grand bonheur à fouiller le sol en plein air. Elle vole bien et exige une clôture élevée. La crête peut souffrir d'engelures par temps froid.

Œufs : 180 à 240 par an.

Couleur des œufs : blanc.

Poids : poule, 2,5 kg ; coq, 2,9 kg.

Origine : comté de Derbyshire, en Grande-Bretagne.

Rhode Island rouge

Cette race lourde, à plumage soyeux est mixte, mais essentiellement élevée pour les œufs. Moyenne à lourde, elle arbore un plumage rouge foncé à reflets brillants, et il existe des types bordeaux à presque noirs. Les yeux sont rouge-orangé, le bec brun-rouge et les tarses jaunes.

Caractère : rustique, calme, vif et dénué d'agressivité. Elle peut devenir agressive si on l'agace, mais elle est généralement un bon animal de compagnie pour les enfants.

Œufs : 200 à 220 par an, parfois plus.

Couleur des œufs : brun clair à brun foncé.

Poids : poule, 2,9 kg ; coq, 3,4 à 3,8 kg.

Origine : homologuée aux États-Unis en 1904. Elle a été exposée en 1880 dans le Massachusetts et développée à partir de volailles rouge acajou de Shangai, Malaisie et Java. Elle s'est révélée une excellente pondeuse et de nombreux éleveurs l'utillisent pour augmenter leur cheptel. En fait, de multiples hybrides modernes ont une ascendance mâle de Rhode Island, car le gène déterminant la ponte prolifique est transmis par les mâles.

Sussex blanche herminée noir

Race lourde à plumage soyeux. Cette variété arbore sur les épaules des plumes caractéristiques, flammées de noir ; la tige des plumes est également noire. Les ailes sont blanches avec des rémiges noires et les autres plumes du corps sont blanc pur. Les tarses, les doigts et les ongles sont blancs. La silhouette est gracieuse, avec un dos large et plat, et une queue remontant à 45°. La tête est nette avec une crête simple et droite de taille moyenne. Outre la Sussex blanche herminé noir, il existe d'autres variétés : blanche, coucou, dorée ou brune, fauve herminé noir, gris argenté, rouge herminé noir, tricolore. gris argenté, blanc herminé bleu (Coronation).

Caractère : vif, docile, avec une bonne capacité d'adaptation. Ces poules se comportent bien en espace confiné, mais également en plein air.

Œufs : 200 à 220 par an, parfois plus.

Couleur des œufs : crème à brun clair.

Poids : poule, 3,2 kg ; coq, 4 kg.

Origine : cette race rustique supportait tous les temps. La variété la plus ancienne est la Sussex tricolore ; plus tard, des croisements avec la Brahma, la Cochin et la Dorking argenté saumoné ont abouti à la variété blanche herminée de noir.

Sussex fauve herminée noir

Cette race mixte lourde, à plumage soyeux, produit des œufs et une chair excellente. Outre la Sussex fauve herminée noir, il existe d'autres variétés : blanche, blanc herminé noir, coucou, dorée ou brune, gris argenté, rouge herminé noir, tricolore. gris argenté, blanc herminé bleu (Coronation). Les tarses et les doigts sont blancs, et les oreillons rouges. Les yeux des variétés foncées sont rouges et ceux des variétés claires sont orange. Les pattes sont courtes, robustes et dépourvues de plumes, et le dos est large et plat.

Caractère : vif, docile, avec une bonne capacité d'adaptation. Ces poules se comportent bien en espace confiné, mais également en plein air car elles fouillent naturellement à la recherche de nourriture.

Œufs : 180 à 200 par an, parfois plus.

Couleur des œufs : crème à brun clair.

Poids : poule, 3,2 kg ; coq, 4 kg.

Origine : dérivée de volailles anglaises anciennes qui étaient élevées pour leur chair et leurs œufs. La race Sussex a apporté une contribution importante à l'industrie moderne de la volaille et l'on retrouve son ascendance dans de nombreuses races.

Welsumer

Race légère, massive et au port élancé, à poitrine pleine et profonde, grande queue et dos large. Le bec est court et fort, les oreillons sont ovales et la crête simple. Les yeux sont rouge-orangé, les tarses jaunes virent au jaune pâle en été.

Caractère : actif, vif et sociable. Ces poules sont faciles à manipuler. Elles deviennent couveuses, mais généralement pas avant la fin du printemps ; elles ne sont malheureusement pas de bonnes mères. Elles sont aussi heureuses en plein air qu'en enclos fermé.

Œufs : 200 à 240 par an ; les œufs sont moins abondants en hiver qu'en été.

Couleur des œufs : les œufs à la coquille roux foncé, presque « terre cuite », sont parmi les plus gros œufs de poule.

Poids : poule, 2,7 kg ; coq, 3,2 kg.

Origine : créée entre 1900 et 1913, près du village de Welsum, le long de la rivière Ysel, aux Pays-Bas. Sa création initiale doit beaucoup à la Cochin perdrix, la Wyandotte perdrix et la Leghorn perdrix.

Wyandotte argentée à liseré noir

Cette race lourde, à plumage soyeux, a une forme de lyre, avec une poitrine profonde et une ligne de dos concave. Les plumes blanc argenté de cette variété sont bordées de noir, un effet nommé « liseré ». La queue est noire et les tarses sont jaunes. Les oiseaux arrivent rapidement à maturité et leur chair est excellente. Ils sont élevés pour leur chair autant que pour leurs œufs.

Caractère : vif, actif, docile, agréable, c'est une race idéale pour la ponte comme pour les expositions. Comme toutes les variétés de Wyandotte, la dorée à liseré noir est un bon animal de compagnie pour les enfants.

Œufs : 200 à 240 par an.

Couleur des œufs : brun léger à brun – parfois rosé.

Poids : poule, 2,7 kg ; coq, 3,8 kg.

Origine : cette variété est la première de la race initiale, originaire des États-Unis où elle fut reconnue en 1883. Plus tard apparurent d'autres variétés (voir page 23).

Wyandotte dorée à liseré bleu

Cette race lourde à plumage soyeux, à la poitrine profonde et au dos concave, a une silhouette en forme de lyre. La couleur de fond des plumes est brun roux, à liseré bleu.

Caractère : éveillé, actif, docile, gracieux, idéale pour les expositions comme pour la ponte. Comme toutes les variétés de Wyandotte, la Wyandotte dorée à liseré bleu est un bon animal de compagnie pour les enfants. Son caractère convient autant à l'élevage en plein air qu'en enclos.

Œufs : 200 à 240 par an.

Couleur des œufs : brun clair à brun.

Poids : poule, 2,7 kg ; coq, 3,8 kg.

Origine : la race Wyandotte, initialement argentée à liseré noir (voir page 21), est originaire des États-Unis où elle fut officiellement reconnue en 1883. La Wyandotte dorée à liseré bleu apparut plus tard, ainsi que bien d'autres variétés. Toutes ces belles poules connaissent un grand succès.

Wyandotte dorée à liseré noir

Cette race lourde à plumage soyeux, à poitrine profonde et ligne de dos concave, a une forme de lyre. Le plumage magnifiquement coloré de cette variété est liseré de noir et crée un bel habit festonné.

Caractère : vif, actif, docile, agréable, c'est une race idéale pour la ponte comme pour les expositions. Comme toutes les variétés de Wyandotte, la dorée à liseré noir est un bon animal de compagnie pour les enfants.

Œufs : 200 à 240 par an.

Couleur des œufs : brun léger à brun.

Poids : poule, 2,7 kg ; coq, 3,8 kg.

Origine : la race initiale, argentée à liseré noir (voir page 21), est originaire des États-Unis où elle fut reconnue en 1883. Plus tard apparut la variété dorée à liseré noir, ainsi que de nombreux autres coloris. Toutes ces belles poules connaissent un grand succès.

Wyandotte perdrix maillé argenté

Race lourde à plumage soyeux, à poitrine profonde et ligne de dos concave, à la silhouette en forme de lyre. La couleur de fond de la poule est l'argenté, alors que le mâle est blanc avec des taches noires allant au noir total dans la queue et les ailes. Les oiseaux arrivent rapidement à maturité et leur chair est excellente.

Caractère : vif, actif, docile, agréable, c'est une race idéale pour la ponte comme pour les expositions. Comme toutes les variétés de Wyandotte, la perdrix maillé argenté est un bon animal de compagnie pour les enfants.

Œufs : 200 à 240 par an.

Couleur des œufs : brun léger à brun.

Poids : poule, 2,7 kg ; coq, 3,8 kg.

Origine : voir Wyandotte argentée à liseré noir en page 21.

Les races naines

Une gamme de « vraies » naines est présentée pages 24 à 27. Cependant, il existe de nombreuses races de taille normale qui ont été sélectionnées afin d'obtenir des races nanifiées, comme celles présentées ci-dessous.

LES RÉDUCTIONS DE GRANDES RACES

- Araucana
- Australorp
- Barnevelder
- Brahma
- Cochin
- Dorking
- Faverolles
- Frisée
- Hambourg
- Langshan Croad
- Leghorn
- Marans
- Minorque
- New Hampshire fauve à queue noire
- Orpington
- Plymouth Rock
- Poule soie
- Rhode Island rouge
- Sussex
- Welsumer
- Wyandotte

Langshan Croad grande et naine (voir page 15 la présentation de la race)

Orpington grande et naine (voir page 17 la présentation de la race)

Welsumer grande et naine (voir page 21 la présentation de la race)

Confusions possibles

Une race peut être naine dans un pays et grande dans un autre. Il arrive effectivement que des races aient été sélectionnées différemment et que les tailles aient été modifiées pour obtenir des caractéristiques spécifiques.

LES NAINES DE PÉKIN

La Pékin est une « vraie » naine et n'a donc pas son équivalent en grande race. Elle ne mesure que 20 à 30 cm de hauteur, même avec la tête dressée. Des passionnés de naines pensent que la Pékin est une miniature de Cochin, mais elle présente des différences de port.

La Pékin a un maintien particulier, légèrement incliné vers l'avant, et la poitrine de la femelle touche quasiment le sol. Le corps est très arrondi et a l'aspect d'une grosse boule de plumes. La crête est simple et les tarses sont généreusement emplumés, notamment chez le coq.

Caractère : docile, doux et sociable, c'est l'animal de compagnie idéal pour la famille et les enfants. Ce sont de bonnes pondeuses de petits œufs qui ont l'instinct de couvaison et sont de bonnes mères.

Œufs : petits ; la race est surtout élevée pour ses qualités ornementales.

Couleur des œufs : blanc.

Poids : poulc, 570 à 680 g ; coq, 680 à 790 g.

Origine : nombre d'histoires circulent sur l'ascendance de cette race, dont celle du vol dans la collection privée de l'empereur de Chine, vers 1860 ; une autre voudrait qu'elle ait été offerte à la reine Victoria dans les années 1830. Ces oiseaux ont été croisés avec d'autres races pour aboutir à la naine de Pékin actuelle.

Naine de Pékin blanc herminé noir

Naine de Pékin coucou

Naine de Pékin lavande

Les clubs de Naine de Pékin

L'intérêt pour la Naine de Pékin est mondial et s'accroît tous les ans. Il a entraîné la création de nombreux clubs et sociétés – locales ou internationales – rassemblant les nombreux passionnés. Ces associations sont présentes dans tous les pays d'Europe ainsi qu'en Amérique du Nord et en Australie. Un coup d'œil sur Internet vous fournira l'adresse des clubs de Naine de Pékin de votre région.

En raison de la popularité croissante de cette race, vous ne devriez pas avoir de difficulté à vous la procurer, mais adressez-vous toujours à un fournisseur réputé. Rappelez-vous que, chaque année, les sélectionneurs créent de nouvelles variantes de couleur ; certaines ne sont peut-être pas encore homologuées, mais vous trouverez les variétés listées en page 25.

Variétés de Naine de Pékin

La gamme des coloris est étonnamment large et dénote l'intérêt porté à cette poule naine, notamment aux États-Unis. Voici les principales variétés que vous rencontrerez.

- Blanc
- Blanc herminé noir
- Bleu
- Coucou
- Fauve
- Lavande
- Noir
- Noir caillouté blanc
- Perdrix
- Perdrix maillé argenté
- Perdrix maillé doré
- Rouge

Variétés de Cochin naine

La gamme des coloris est large, avec des variantes dans chaque coloris. Voici les couleurs de base.

- Barré
- Blanc
- Bleu
- Bleu à liseré doré
- Fauve
- Fauve herminé noir
- Noir
- Noir caillouté blanc
- Perdrix
- Perdrix maillé doré
- Rouge
- Splash

Les Cochin naines

Elles ressemblent aux Naines de Pékin, mais ont une silhouette moins arrondie et bouffante. Elles n'ont pas non plus un port incliné, surtout les femelles.

La Cochin naine a de nombreux adeptes et mérite davantage de reconnaissance. La gamme des coloris est large et les variétés sont souvent plus vives que chez la Naine de Pékin. Peu de passionnés de poules naines ne sont pas séduits par le plumage vif des variétés perdrix, et les types fauve herminé déploient des couleurs riches et variées qui leur confèrent une allure majestueuse. Dans des coloris plus discrets, les variétés fauve et blanche ont peu de rivales.

Les Cochin étaient élevées en Chine à l'origine et furent importées aux États-Unis et en Grande-Bretagne au milieu du XIXe siècle. À cette époque, il s'agissait d'une grande race, mais des versions naines furent développées ultérieurement.

Ces jolies poules s'apprivoisent bien. Ce sont de bonnes mères, aptes à couver un grand nombre d'œufs. Quand leur vient le désir de couver, elles acceptent des œufs d'autres races et deviennent très volontiers des mères de substitution.

La confusion entre les Naines de Pékin et les Cochin naines est due au fait que, dans de nombreux pays, les Cochin sont vendues pour des Pékin.

De même que pour les Naines de Pékin, il existe de nombreux clubs avicoles spécialisés dans la Cochin naine, qui organisent des expositions-concours et travaillent à les faire mieux connaître.

Cochin naine blanche

Cochin naine bleue à liseré doré

Naines belges

Il existe trois formes : le Barbu d'Uccle (crête simple, barbu, favoris et tarses emplumés), le Barbu d'Anvers (crête frisée, favoris, tarses sans plumes) et le Barbu de Watermael (mêmes caractères que le Barbu d'Anvers, mais il a trois éperons à l'arrière de la crête). Il en existe de nombreuses variantes de couleurs et de poids.

Caractère : vivant, enjoué et amusant ; le port bas donne un maintien et un aspect assez petits et rondelets mais séduisants.

Œufs : tout petits ; la race est surtout élevée pour ses qualités ornementales.

Couleur des œufs : blanc crème.

Poids : poule, 620 g ; coq, 740 g.

Origine : dans les années 1880, les éleveurs de la ville d'Uccle ont commencé à créer la race d'Uccle en croisant le Barbu d'Anvers avec la Sabelpoot hollandaise. La lignée du Barbu d'Anvers est plus ancienne et remonte au XVIIe siècle.

Naine hollandaise

La Naine hollandaise est également appelée Hollandskriel. C'est l'une des plus petites « vraies » naines, au port élancé, à la poitrine haute et saillante, et au dos court. Les ailes grandes et longues sont serrées au corps. Elle présente une crête rouge simple avec cinq crêtillons, des oreillons blancs, un bec court et des tarses gris-bleu. Il existe plusieurs variétés, entre autres doré saumoné, doré saumoné bleu, argenté saumoné, froment argenté, bleu argenté à dos orange, argenté à dos orange, coucou, noire, blanche, bleue.

Caractère : vivant, enjoué et intelligent. Ces poules séduisantes sont de bonnes pondeuses, mais la ponte se limite souvent aux mois d'été. Elles font de bonnes mères, mais sont incapables de couver beaucoup d'œufs en même temps.

Œufs : tout petits ; la race est surtout élevée pour ses qualités ornementales.

Couleur des œufs : rosé clair.

Poids : poule, 400 à 450 g ; coq, 480 à 540 g.

Origine : elle est originaire d'Indonésie et a été importée en Hollande au XVIIe siècle par des marins de la Compagnie des Indes orientales.

Naine japonaise

La Chabo, anciennement Nagasaki, a une silhouette caractéristique : un dos court, une queue haute et redressée, et des pattes très courtes qui lui confèrent une démarche chaloupée. La crête simple est grande, à crêtillons réguliers. Le corps semble incliné vers l'avant. Il existe de nombreuses variétés, dont les plus répandues : blanche à queue noire, noir caillouté blanc, noir à camail doré et poitrine liserée blanc. On rencontre aussi des variétés bleue, grise et fauve à queue noire.

Caractère : sociable. Elle accepte volontiers d'être manipulée, portée et cajolée. Les mâles peuvent toutefois être agressifs. Peu enclines à picorer et à abîmer l'herbe, on les laissait autrefois se promener sur les pelouses à herbe courte.

Œufs : très petits ; la race est surtout élevée pour ses qualités ornementales.

Couleur des œufs : blanc crème.

Poids : poule, 620 kg ; coq, 740 kg.

Origine : probablement originaire du sud-est de l'Asie, elle est très prisée en Malaisie, à Java et en Indonésie, et elle a été développée au Japon. La race fut représentée dans l'art japonais dès 1635 et dans l'art hollandais de la même période. Le nom Chabo vient du javanais et signifie « nain ».

Java

Sa silhouette rappelle celle de la Naine hollandaise. La crête frisée s'effile vers l'arrière et se termine par un éperon légèrement relevé à l'arrière. Les variétés noire et bleue présentent des tarses et des doigts gris-bleu, blanc-rosé chez la variété blanche. La race est dotée d'oreillons caractéristiques, grands, ronds, lisses et épais, d'un blanc pur. Il existe plusieurs variétés : blanche, bleue (non liserée), coucou, fauve, fauve herminé et bien d'autres.

Caractère : étonnamment rustique sous climat froid, elle supporte la chaleur. Cet oiseau vole bien et peut être un animal de compagnie familier ; cependant, les coqs sont parfois agressifs.

Œufs : tout petits ; la race est surtout élevée pour ses qualités ornementales.

Couleur des œufs : blanc à crème.

Poids : poule, 510 g ; coq, 620 g.

Origine : race ancienne aux origines mal connues, d'abord sélectionnées en Angleterre et issue de la Hambourg noire et d'autres naines.

Nankin

Naine rustique, lente à atteindre la maturité, elle arbore un cou arqué et une queue dressée aux plumes bien déployées. Le bec est fort, de longueur moyenne et joliment incurvé. La Nankin existe en une seule couleur, fauve, mais deux formes de crête sont homologuées : simple ou frisée.

Caractère : pas toujours sociable, notamment les coqs. Cette race supporte bien la vie en enclos.

Œufs : tout petits ; la race est surtout élevée pour ses qualités ornementales.

Couleur des œufs : blanc crème.

Poids : poule, 620 g ; coq, 680 g.

Origine : l'une des premières « vraies » naines et l'on pense qu'elle a été utilisée dans le développement de la Sebright naine. Elle est d'origine asiatique, vraisemblablement d'Inde. Elle a été utilisée pour produire la couleur fauve dans d'autres races.

Sebright

Peut-être la race aux coloris les plus originaux et l'une des plus jolies des poules naines. En 1899, deux variétés avaient été stabilisées : doré à liseré noir et argenté à liseré noir. La couleur dorée est souvent décrite comme riche et profonde, et le type argenté paraît plus blanc qu'argenté.

Caractère : vif et actif ; cette race de nature rustique aime se percher dans les arbres et a une bonne longévité. Ces oiseaux sont difficiles à élever et, par conséquent, déconseillés aux éleveurs débutants.

Œufs : petits ; la race est surtout élevée pour ses qualités ornementales.

Couleur des œufs : blanc ou blanc crème.

Poids : poule, 570 g ; coq, 620 g.

Origine : race britannique, développée au début des années 1800 par sir John Sanders Sebright. La Sebright est principalement issue d'un croisement entre une naine et une poule polonaise qui serait originaire d'une région située entre la Suède et les pays Baltes alors sous domination polonaise.

Les systèmes d'élevage

Quels sont les choix ?

Il existe plusieurs pratiques de l'élevage des poules à des fins diverses, du commerce à l'élevage familial dans le jardin. L'espace disponible est un facteur déterminant. En plein air, les poules ont tout loisir de se dégourdir les pattes dans un environnement idyllique, mais un poulailler et un enclos dans un jardin ou une cour peuvent être tout aussi productifs et intéressants.

L'ÉLEVAGE EN PLEIN AIR

Avant tout, un vaste espace est indispensable : un champ ou, de préférence, un terrain couvert de chaume après la moisson, les poules picorent les graines et débarrassent la terre des insectes nuisibles. Tous les passionnés de poules ne disposent pas de ce cadre idyllique. C'est pourtant une solution idéale, car les oiseaux trouvent ainsi une bonne part de leur nourriture. De plus, les déjections des poules (voir pages 30-31) contribuent à fertiliser le champ.

Un poulailler est évidemment essentiel pour la sécurité des poules la nuit. Sur roues (voir page 32), il permettra d'étendre le rôle bénéfique des poules (déjections et élimination des insectes) à toute la zone. Autre type de poulailler mobile, l'arche (voir page 32) peut être déplacée facilement par deux personnes.

L'inconvénient du plein air est le risque des attaques de renards. Les clôtures électriques sont parfaites pour garder les poules à l'intérieur du terrain et les renards à l'extérieur (voir page 33 l'installation d'une clôture électrique). Et les œufs pondus hors de l'arche et dans des nids cachés sont aussi à la portée des prédateurs.

Si seulement quelques poules s'abritent dans un petit poulailler sur roues ou une arche, le froid hivernal est un danger. En revanche, la chaleur corporelle collective d'un groupe élève la température. Le froid peut aussi diminuer leur capacité de ponte. À l'inverse, elles souffriront de la chaleur estivale en plein champs et vous devez veiller alors à leur fournir de l'ombre.

Les poules sont curieuses et boiront un peu partout. Il est cependant préférable de leur fournir des abreuvoirs propres.

L'ÉLEVAGE EN ENCLOS

Cette méthode allie un poulailler et un enclos grillagé accolé. Cet abri sûr peut être déplacé quand l'herbe a été beaucoup grattée et picorée, probablement toutes les 2 ou 3 semaines. Le déplacement régulier de l'ensemble exige des muscles et un peu de temps, mais évite d'abîmer l'herbe. Il réduit aussi les risques de développement de maladies et de parasites.

Une autre solution est le poulailler et l'enclos fixes (voir page 32).

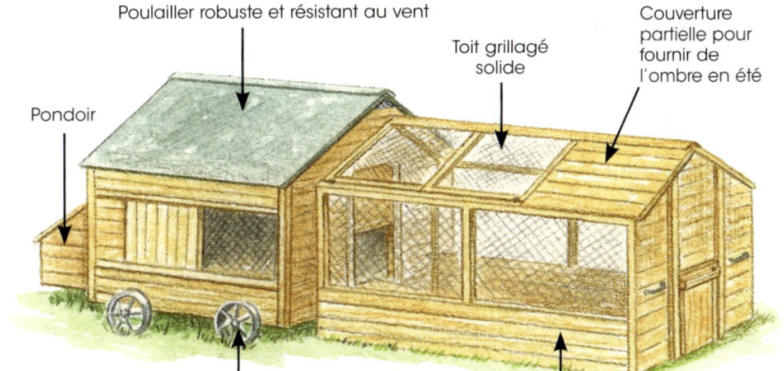

L'élevage semi-intensif

Ce système ne vous conviendra que si vous possédez une ferme avec un bâtiment sain inutilisé et deux parcelles de terrain où les poules pourront se nourrir. Dans ce cas, les poules auront tout loisir de s'ébattre durant la journée et seront abritées la nuit, sur un sol couvert de paille. Par temps froid et humide, elles pourront rester à l'intérieur, et l'été, elles se nourriront sur les deux parcelles en alternance. L'alternance évite la destruction totale de l'herbe et l'apparition de parasites et de maladies.

L'élevage au sol

Les poules sont logées dans un bâtiment dont elles ne sortent pas. Dans cette variante de l'élevage semi-intensif, elles circulent sur de la paille ou de la litière renouvelée régulièrement en surface et remplacée tous les ans. Ce système permet aux poules de bouger librement, même si elles sont confinées à l'intérieur, et leur procure chaleur et sécurité tout au long de l'année.

Nombre d'éleveurs amateurs apprécient peu d'enfermer ainsi leurs poules ; une solution consiste à les laisser s'ébattre dans la journée dans un enclos grillagé au sol couvert d'une mince couche de paille.

L'élevage en batterie

Cette méthode d'élevage est exclusivement commerciale et ne saurait être envisagée par des amateurs soucieux d'offrir une belle vie à leurs poules.

Loger vos poules

Quel est l'espace nécessaire ?

- Pour le sommeil, prévoyez un minimum de 0,03 m^3 par oiseau.
- Dans un enclos couvert avec accès occasionnel au jardin, chaque oiseau demande 1 m^2.
- Les grosses poules exigent environ 30 % d'espace de plus que les poules de taille moyenne.
- Les poules naines exigent environ 30 % d'espace de moins que les poules de taille moyenne.
- Prévoyez de l'espace pour six poules – elles nourriront la famille en œufs toute l'année. Trois poules suffisent pour deux personnes.
- La surpopulation d'un poulailler est source de chamailleries et de picage entre les poules.

Choisir le bon site

Choisir le bon emplacement du poulailler évite des problèmes ultérieurs. Voici les critères essentiels.

- Un bon drainage du sol réduit les risques de maladies et de parasites.
- Bonne circulation de l'air tout autour du poulailler.
- Approvisionnement pratique en eau du robinet propre.
- Emplacement évitant la dispersion des odeurs estivales dans tout le voisigage.
- Évitez le bas d'une pente où l'air est stagnant et le drainage généralement médiocre. L'air est également plus froid en hiver au bas d'une pente qu'en haut.
- Si le poulailler est situé à flanc de pente, vérifiez que l'eau qui coule dans la pente ne pénètre pas dans l'enclos.
- Orientez le poulailler de préférence vers le soleil pour exploiter sa chaleur – l'abri sera plus chaud et plus sec.
- L'arrière ou le côté fermé du poulailler doit être une protection contre les vents froids dominants.
- Si les intempéries hivernales viennent de l'ouest, orientez le poulailler à l'est. À l'inverse si elles viennent de l'est, orientez-le à l'ouest.
- De façon générale, le site et le poulailler doivent garantir aux poules des pattes sèches, une litière sèche, de l'air frais et l'absence de courants d'air.

Les déjections et leurs emplois

Sont-elles utiles dans un jardin ?

Les déjections de poules sont un engrais idéal, car riches en azote, elles favorisent la croissance des légumes-feuilles dans un potager. Elles n'ont pas toutefois les qualités d'amendement du sol du crottin de cheval ou du fumier, qui sont généralement accompagnés de paille décomposée. Il est donc préférable d'ajouter les fientes au tas de compost avant de l'incorporer au sol au bout d'un an environ pour améliorer sa fertilité et sa structure.

Les déjections de poules, mêlées à des déchets végétaux décomposés, améliorent efficacement le sol et la qualité des cultures.

La production

La quantité de fientes produite quotidiennement par une seule poule dépasse souvent les 112 g. Cela signifie que cinq poules produisent environ 205 kg de déjections en un an. Ce produit dérivé de l'élevage est bienvenu, mais son emploi doit être prévu et organisé pour éviter des problèmes d'hygiène et d'espace. Il perd rapidement ses qualités d'engrais de jardin s'il reste dans un tas de compost détrempé par la pluie en permanence.

Quelle valeur dans le jardin ?

Toutes les déjections de volaille sont beaucoup plus riches en sulfate d'ammoniaque, superphosphate et potasse que les fumiers de vaches, porcs ou chevaux. Par exemple, elles contiennent deux fois plus d'azote que celles des cochons et presque quatre fois plus que celles des vaches. Leur teneur en phosphate est deux fois supérieure à celles des cochons et plus de cinq fois supérieure à celles des vaches. Quant à la teneur en potasse, elle est deux fois supérieure à celle du fumier de cochon et légèrement supérieure à celle du fumier de vaches.

La qualité de cet engrais est en partie liée à la quantité de végétaux rapidement ingérés et excrétés par la volaille.

Contrairement aux mammifères, les oiseaux ne produisent pas d'urine liquide séparée de la fiente, mais une matière blanche visible dans les déjections. Si cette matière, encore fraîche, entre en contact directe avec les plantes, elle « brûle » les tiges et les feuilles.

LEUR UTILISATION DANS LE JARDIN

Leur valeur d'engrais diminuant rapidement en cas d'exposition aux éléments, notamment à la pluie, il est préférable de transférer immédiatement les fientes sur le tas de compost où elles accélèrent la décomposition des autres matériaux organiques. Épandez-les en couches de 2,5 à 5 cm d'épaisseur entre des couches de terre arable (qui contient plus de bactéries et autres organismes que le sous-sol) et de déchets végétaux tels que les déchets de tonte et de légumes. Au bout d'un an, le compost ainsi amélioré peut être incorporé dans le sol au cours du bêchage d'automne ou d'hiver. Autrement, il peut être étalé en paillis en veillant à ce qu'il ne soit pas en contact avec les tiges des plantes qu'il endommagerait.

Chaux et engrais de poules ?

Il ne faut pas les mélanger : ils doivent être appliqués séparément. Si votre sol est acide et demande un apport de chaux pour diminuer son acidité, enfouissez du fumier de poule (ou d'autres animaux) au cours du bêchage d'automne ou d'hiver, puis attendez 2 à 3 mois avant d'épandre la chaux.

Attention

Portez un masque et des lunettes lorsque vous nettoyez les vieux poulaillers et enclos. Les déjections anciennes et sèches peuvent contenir des spores en incubation provoquant des maladies respiratoires chez l'homme.
Portez également des gants et protégez vos bras, car les fientes sont caustiques et peuvent brûler la peau. Si vos mains sont attaquées, lavez-les immédiatement à l'eau chaude savonneuse additionnée d'un désinfectant.

Les légumes qui tirent profit d'un régime riche en azote

Voici les légumes qui bénéficieront de compost ou de fumier bien décomposé apporté au cours du bêchage d'automne ou d'hiver.

- Céleri
- Concombres
- Courges
- Endives
- Épinards
- Haricots (verts et d'Espagne)
- Laitues
- Maïs
- Oignons
- Petits pois
- Poireaux
- Poivrons
- Tomates

Les poulaillers et l'équipement

Quels sont les types de logement ?

Il existe divers types de poulaillers et leur coût est fonction du nombre de poules que vous souhaitez élever. Ne tassez surtout pas les poules – prévoyez 0,20 à 0,30 m^2 d'espace d'enclos pour chaque oiseau. Les abris mobiles vont de l'arche que deux personnes soulèvent facilement aux grands poulaillers montés sur roues. Les abris fixes vont du poulailler installé dans une zone clôturée aux grands modèles avec enclos grillagé accolé.

LES TYPES DE POULAILLERS

Arche

Idéal pour quelques poules et installé dans une zone clôturée où les poules seront à l'abri des prédateurs. Les poules sont rentrées le soir.

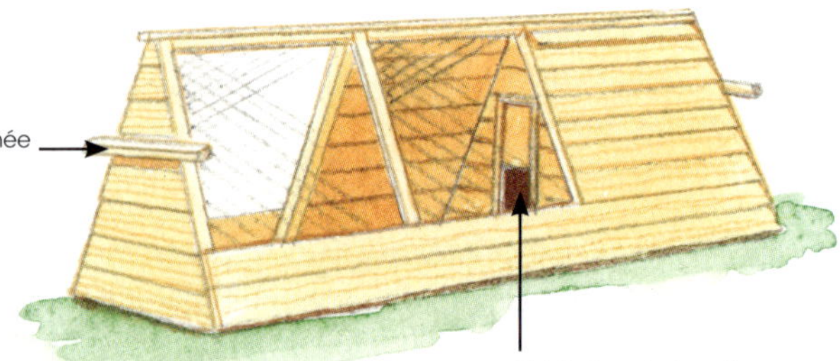

Poulailler traditionnel

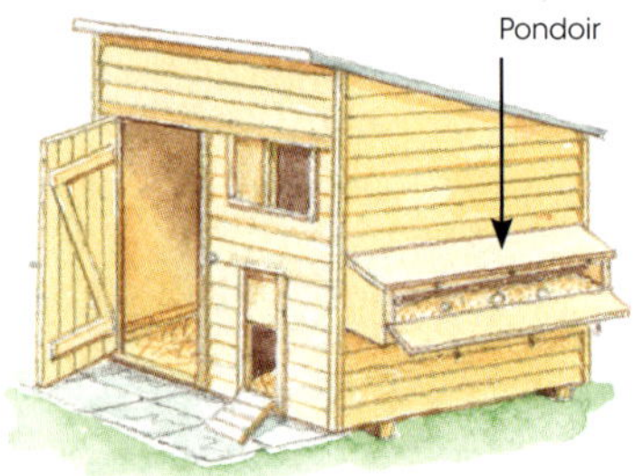

La taille humaine de ce poulailler facilite le nettoyage et la collecte des œufs. Il est doté d'aérations sur la façade et d'une rangée de pondoirs.

Poulailler sur roues

Généralement de fabrication maison, il peut abriter davantage de poules qu'une arche. Un enclos grillagé peut être accolé à un côté. Optez pour de grosses roues qui faciliteront les déplacements.

Poulailler et aire d'exercice

Identique au poulailler traditionnel, avec un grand enclos grillagé attaché – utile pour les jeunes poules. Il est idéal dans les régions où les renards et autres prédateurs sont nombreux.

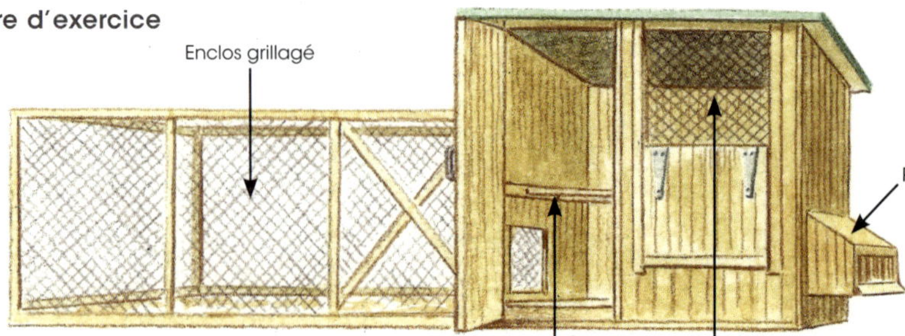

Le poulailler et son équipement

Toit
Les poules doivent être logées au chaud et au sec pour éviter l'apparition de maladies. Les bardeaux bitumés sont parfaits ; appliquez un enduit d'étanchéité tous les ans. Pour un grand abri, les plaques ondulées en polyester armées de fibre de verre sont faciles à installer.

Perchoirs
Les poules ne doivent pas être tassées sur un perchoir ; prévoyez au moins 20 cm d'espace pour chaque oiseau. Placez une barre de 7 cm d'épaisseur aux bords arrondis à 60 cm du sol, bien horizontale.

Ventilation
Une bonne aération est essentielle pour éviter les maladies respiratoires. Installez des bouches d'aération dans les parois de l'abri – à lamelles en haut, à l'épreuve des rongeurs, et à charnière plus bas (veillez à ce qu'elles soient à l'épreuve des renards).

Mangeoire et abreuvoir
Des granulés, des grains ou du grit (gravier fin) seront disponibles dans des mangeoires posées ou suspendues. L'eau sera fournie par une fontaine ou un abreuvoir ; veillez à ce que la hauteur soit adaptée.

Pondoirs
Prévoyez un pondoir pour trois poules. Elles y accèderont de l'intérieur du poulailler. Pour collecter les œufs, il vous suffira de soulever le couvercle de l'extérieur du poulailler.

Sol
Il doit avant tout fournir une base sèche. Le ciment est idéal et empêche les rats de creuser. Un plancher en bois traité contre la pourriture, assemblé par rainure et languette, constitue un sol plat et fonctionnel ; des gravats et du gravier bien tassés sont une option bon marché.

Trémies et grands contenants
Ils sont essentiels pour conserver les granulés, les grains et le grit propres et secs. Ils seront placés dans un endroit pratique et de préférence sec. Assurez-vous que les couvercles soient hermétiques et qu'ils résistent aux rongeurs.

Bain de poussière
Prendre un bain de poussière est un comportement naturel chez la poule. Elle cherchera une zone de terre sèche et meuble et se roulera dedans pour se débarrasser des parasites tels que les puces. Vous pouvez aussi leur fournir une litière de copeaux de bois.

La protection contre les prédateurs

Une clôture solide est indispensable pour empêcher des renards ou autres prédateurs de décimer votre cheptel. Prenez de robustes poteaux en bois traité et 2,40 à 3 m de long. Plantez-les à 45-60 cm de profondeur tous les 3 m autour de l'enclos. Fixez du grillage galvanisé à maillage fin (5 cm) aux poteaux, de 1,50 à 1,80 m de haut, enterré sur 45 à 60 cm. Utilisez une masse ou, de préférence, un enfonce-pieu (tube en métal fermé à une extrémité et muni de poignées) pour bien enfoncer les poteaux verticalement dans le sol.

Nourrir les poules

Comment fonctionne la digestion ?

La digestion des poules est différente de celle des humains. La nourriture consommée passe rapidement dans le gosier (œsophage) – un tube musculeux étroit qui se dilate pour accueillir les gros morceaux non digérés. Le gosier s'élargit au jabot où les aliments sont ramollis ; les aliments restent parfois plusieurs heures dans le jabot. Ils passent ensuite dans l'estomac glandulaire, puis dans le gésier.

Assurez-vous que les aliments et l'eau propre sont disponibles à volonté, à une hauteur accessible aux poules, poussins et naines.

Les poules en groupe (en présence d'un coq ou non) vont établir un ordre hiérarchique (voir page 5).

LE SYSTÈME DIGESTIF

Le système digestif original des poules suscite de très nombreuses questions.

- **Les poules mâchent-elles ?** Non. Elles n'ont pas de dents et cassent les aliments en morceaux avec leur bec corné.
- **Que se passe-t-il quand elles avalent ?** La nourriture, poussée par la langue, descend dans le gosier, puis le jabot. Le jabot est un compartiment de stockage où les aliments sont ramollis avant de poursuivre leur chemin.
- **Les poules ont-elles un sens du goût ?** Oui. Leurs papilles gustatives sont associées aux canaux des glandes salivaires.
- **Le grit est-il indispensable à la digestion ?** Oui. Les petits graviers dans le gésier jouent le rôle des dents. Même si la nourriture est broyée par l'action musculaire du gésier, celle-ci est moins efficace en l'absence de graviers qui multiplient les surfaces de broyage et optimisent l'action des sucs digestifs.

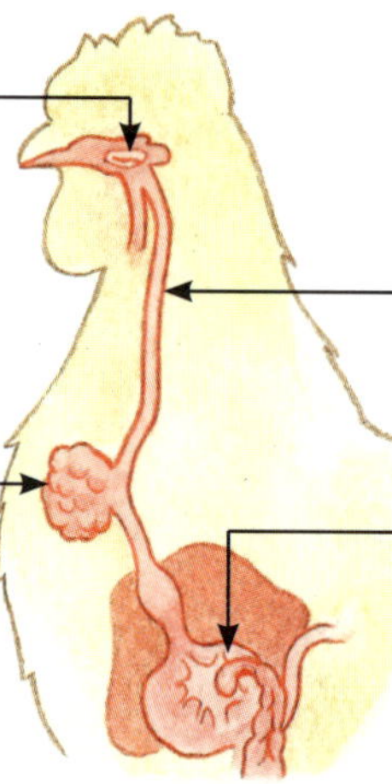

Les besoins nutritionnels

Outre l'eau pure à remplacer quotidiennement, vous devrez fournir régulièrement certains nutriments à vos poules pour obtenir des œufs. Les quantités et les proportions varient au cours de leur vie. Par exemple, les poussins exigent plus de protéines que les oiseaux plus âgés, notamment pendant leurs premières semaines.

Les nutriments et leurs fonctions

- **Protéines :** formation des muscles et cicatrisation des blessures.
- **Glucides :** vitalité.
- **Lipides :** vitalité.
- **Vitamine A :** résistance aux maladies et croissance équilibrée.
- **Complexe de vitamines B :** croissance optimale.
- **Vitamine D :** solidité des coquilles d'œufs et croissance saine (prévention du rachitisme).
- **Vitamine K :** antihémorragique.
- **Calcium et phosphore :** solidité des coquilles d'œufs et des os.
- **Zinc :** croissance des plumes et peau saine.
- **Manganèse :** solidité des coquilles d'œufs.
- **Iode :** contrôle du métabolisme.

Les restes de cuisine et les graines ne fournissent pas ces éléments nutritifs essentiels ; un complément équilibré est donc indispensable.

Peut-on nourrir les poules de déchets de tonte ?

Oui. Après la tonte (d'une pelouse non traitée aux herbicides), étalez les déchets sur une surface propre et laissez-les sécher. Ils fourniront un complément alimentaire en hiver ou seront consommés frais et verts. Sachez cependant qu'ils donnent des œufs d'un jaune-orangé qui ne plaît pas à tous.

Et de restes de table ?

Oui. Les pommes de terre et autres restes de légumes bien cuits conviennent parfaitement aux poules. De plus, ils ont l'avantage d'être plus digestes cuits que crus. Attention, ils doivent être bien cuits pour éviter les maladies.

N'acceptez jamais les restes de table partiellement cuits offerts par des amis ou des voisins, car vous ignorez ce qu'ils contiennent.

Que sont la pâtée, les granulés et les miettes ?

- La pâtée désigne tout mélange équilibré d'aliments. Dans les élevages intensifs, on nourrit les poules avec une pâtée sèche pour les occuper, car elles n'ont rien d'autre à faire. La pâtée humide ajoute à la pâtée sèche des restes de légumes de table, le tout mélangé avec de l'eau chaude. Soit dit en passant, ajouter de l'eau à de la pâtée sèche n'améliore pas ses qualités nutritionnelles ni gustatives.
- Les granulés sont des aliments broyés et comprimés sous forme cylindrique, d'un emploi pratique. Leur taille varie selon l'âge de la volaille. Pour simplifier l'alimentation, ils peuvent être fournis dans une mangeoire à trémie ou à pédale – solution idéale si vous êtes absent toute la journée.
- Les miettes sont des petits granulés.

Fruits et noix

Nombre de fruits et noix sont très sains pour les poules, dont :

- Les glands : les fruits de l'espèce *(Quercus* ssp.), séchés et broyés ;
- Les faînes : du hêtre commun, séchées et broyées ;
- Les mûres : fraîches, en petite quantité ;
- Les marrons d'Inde : du marronnier commun, séchés et broyés ;
- Les sorbes : les fruits de l'espèce *(Sorbus ssp)*, fraîches et en petite quantité ;
- Les châtaignes : du châtaignier commun, séchées et broyées.

Légumes du potager

Ce sont des aliments bon marché, entre autres :

- Artichaut.
- Carotte.
- Chou et autres Brassicacées - chou de Bruxelles, chou frisé, brocoli et brocoli calabrais.
- Haricots – nains, verts, d'Espagne.
- Laitue.
- Navet et rutabaga.
- Persil.
- Pomme de terre.

Plantes sauvages

Elles sont très répandues et vous les trouverez dans votre jardin, le long des haies ou en bordure de champs. Assurez-vous toutefois qu'ils n'ont pas été aspergés d'herbicides et autres produits chimiques.

Les plantes ci-dessous sont courantes et se rencontrent sur les terres cultivées ou en friche.

- Ansérine blanche *(Chenopodium album)* : annuelle, jusqu'à 45 cm de haut ; à consommer fraîche et verte.
- Séneçon commun *(Senecio vulgaris,* voir ci-contre) : annuelle, jusqu'à 30 cm, voire 45 cm de haut ; à consommer fraîche et verte.
- Ortie brûlante *(Urtica urens)* : annuelle, de 10 à 45 cm de haut, à feuilles d'ortie caractéristiques ; jeunes extrémités à consommer bouillies.
- Grande ortie *(Urtica dioica)* : vivace, de 30 à 90 cm de haut, à feuilles d'ortie caractéristiques ; jeunes extrémités à consommer bouillies.

Manipuler et examiner les poules

Est-ce facile ?

La majorité des poules sont paisibles et sociables, et apprécient la compagnie de leurs éleveurs. Plus on les manipule, plus cela devient facile. S'il leur faut un encouragement, offrez-leur des aliments en granulés. Dans tous les groupes, la hiérarchie est stricte : si vous manipulez une poule en bas de la hiérarchie, les poules de position supérieure risquent d'être jalouses ; elles viendront voir ce que vous faites et manifesteront leur présence.

Attraper une poule et la tenir dans les bras

Pour attraper une poule, guidez-la calmement vers un angle (voir ci-dessus) ; ne l'effrayez pas par une poursuite désordonnée et excitée dans tous les sens. Une crise de panique nuit à la capacité de ponte et à la santé d'une poule. Un bruit excessif et une activité frénétique peuvent également diminuer son désir de pondre.

Ne prenez pas une poule par la queue ou les ailes. Quand elle est à vos pieds, devant vous, penchez-vous lentement et saisissez-la en plaquant ses ailes contre son corps (voir ci-dessous). Ainsi, elle ne risquera pas de battre soudain des ailes et de tomber au sol de la hauteur de vos bras, avec blessure probable à la clé. Une chute est plus dangereuse pour les races lourdes.

Une fois que vous avez la poule bien en main, tenez-la contre vous, le bréchet sur votre avant-bras pour qu'elle se sente en sécurité.

Les poules apprécient les attentions et les caresses, et aiment qu'on leur parle calmement.

Soyez vigilant dans la manipulation des adorables poussins ; ils s'effraient facilement et risquent de tomber en tentant de s'échapper.

Porter une poule

Une fois que vous tenez la poule, placez une main sous son derrière et mettez sa tête sous votre bras (voir ci-dessus). La tête doit être un peu plus basse que la queue. Certains éleveurs préfèrent que la tête de la poule soit dirigée vers l'avant ; l'inconvénient est qu'alors son champ de vision n'est pas limité et qu'elle peut avoir une frayeur subite. L'oiseau doit garder tout son calme.

Tenir et examiner une poule

Pour la tenir fermement pendant que vous l'examinez, glissez votre main sous l'oiseau et placez le majeur et l'auriculaire entre ses pattes (voir ci-dessus). Les pattes resteront immobiles pendant l'examen.

À quelle heure examiner les poules ?

Le meilleur moment est le crépuscule, quand il reste assez de lumière. Les poules sont alors installées sur leur perchoir et vous pouvez observer l'état du jabot ; s'il est plein, la poule est bien nourrie, s'il est vide, nourrissez-la davantage.

En règle générale, le corps de l'oiseau doit être ferme au toucher, sans lourdeur ni flaccidité. Si la poule semble avoir un peu de ventre, c'est probablement dû à son activité de ponte. Vérifiez que le jabot est plein ; s'il ne l'est pas, pensez à augmenter les doses de nourriture.

À EXAMINER

Il est plus facile d'examiner une poule en pleine lumière qu'au crépuscule, en prenant toutes les précautions pour ne pas les effrayer. Cependant, il est préférable d'inspecter le jabot au crépuscule, après que la poule a mangé (voir encadré ci-dessous, à gauche).

- **Les parasites externes** (voir pages 62-63) sont à surveiller. Écartez les plumes pour inspecter leur revers où les parasites peuvent s'agglutiner. Examinez aussi la peau nue. Il est extrêmement difficile de se débarrasser de poux, puces, tiques et acariens qui ont fondé une colonie.

- **Le désir d'être mère** (la poule se couche sur les œufs et les couve) se vérifie en soulevant la queue. Quand cet instinct se manifeste, la poule perd des plumes sur la poitrine.

- **Un cycle de ponte** entamé est facile à vérifier. Si vous pouvez placer quatre doigts entre les os pelviens et l'extrémité du sternum, la poule pond. S'il n'y a l'espace que pour deux doigts, la poule ne pond pas (voir ci-dessus).

Deux interdits

- N'attrapez jamais une poule par les pattes ou le cou : c'est stressant et potentiellement dangereux pour la poule.
- Ne jouez pas à hypnotiser une poule en la plaçant sur le dos : vous risquez surtout de provoquer une crise cardiaque, surtout chez une race lourde.

Poules pour la table

Peut-on manger des poules pondeuses ?

Quand la capacité de ponte d'une poule commence à diminuer, souvent s'impose la décision d'abattre celle-ci, sans cruauté (voir pages 40 et 41). Malgré votre affection pour elle, quand le coût de sa nourriture et de son entretien n'est pas compensé par la valeur de ses œufs, son temps est terminé. Si vous ne la consommez pas, débarrassez-vous de la carcasse dans le respect des règles écologiques et ne l'enterrez surtout pas dans votre terrain.

Que faire d'une poule morte ?

Si, après avoir abattu une poule, vous décidez de ne pas la manger, vous devez vous débarrasser du corps de la volaillle en suivant les réglementations en vigueur. Ceci s'applique également aux oiseaux tués dans des accidents de la route, morts de vieillesse ou bien encore euthanasiés pour cause de maladie. Dès que vous êtes confronté à une situation de ce type, demandez conseil à votre vétérinaire ou aux services vétérinaires officiels.

Un jour, il faut prendre la décision d'abattre une volaille sans cruauté et peut-être de la manger. La décision sera sans doute pénible si les poules sont des animaux de compagnie plutôt que de simples pondeuses.

Cycle de ponte et consommation

La capacité de ponte des poules élevées à cette fin diminue après la seconde saison de ponte ; il devient donc plus intéressant de les abattre et de les manger. La viande des poules pondeuses est plus coriace que celle des poules élevées pour leur chair. Ce n'est cependant pas un problème insurmontable. Après avoir plumé, vidé et paré (voir pages 42 à 45) une vieille poule, faites-la mijoter dans l'eau chaude pendant plusieurs heures avant de la passer au four ; la viande sera attendrie.

Qu'est-ce qu'un chapon ?

Ce terme désigne un mâle qui a été castré chirurgicalement ou chimiquement pour raccourcir son temps de croissance et d'engraissement, et améliorer la qualité de sa chair. Si vous produisez vous-même vos poussins, un sur deux environ sera un mâle – le mieux est de les castrer et de les consommer plus tard.

Classiquement, le chaponnage consiste à pratiquer une incision dans le flanc du poulet – entre les deux dernières côtes et très près de la queue – et à retirer les testicules. Cette coupure et la suppression des organes génitaux n'est pas sans cruauté, mais aujourd'hui, le même résultat peut être obtenu par des moyens chimiques. Une capsule contenant des hormones œstrogènes est insérée sous la peau du cou. Les testicules se ratatinent et les caractères sexuels s'inversent.

Cependant, la castration chirurgicale et l'inoculation d'œstrogènes sont interdits dans de nombreux pays – la première pour éviter un stress superflu à l'oiseau, la seconde car des hormones femelles peuvent être absorbées en mangeant la chair. En France, les chapons sont castrés chirurgicalement.

Alternatives à la chirurgie et aux hormones

- Séparez les mâles des femelles à l'âge de 12 à 14 semaines et placez-les dans un petit enclos. Ne les laissez pas se promener en liberté. Trois fois par jour, nourrissez-les d'un mélange à parts égales d'avoine, d'orge et de pommes de terre bouillies, arrosé d'un peu de lait écrémé. Laissez les oiseaux manger à satiété et donnez-leur de l'eau fraîche. Ils vont engraisser rapidement et pourront être consommés au bout de 3 semaines environ.
- Une autre méthode, plus moderne, est d'acheter de jeunes oiseaux hybrides, élevés spécialement pour la production de chair.

RACES DE CHAIR ET DE PONTE

Races de chair

Langshan Croad
(voir page 15)

Dorking
(voir page 13)

Rhode Island rouge
(voir page 20)

Variétés de coloris

Certaines races offrent plusieurs variétés. Ainsi quatre variétés de Wyandotte sont décrites et illustrées dans ce livre – toutes intéressantes pour l'éleveur.

Chez certaines races toutefois, des variétés sont préférées pour leur chair, par exemple la variété blanche de la Plymouth Rock (voir ci-dessous).

Races de chair et de ponte (races à deux fins)

Orpington fauve
(voir page 17)

Australorp
(voir page 11)

Plymouth Rock barrée
(voir page 18)

Sussex blanche herminée noir
(voir page 20)

Marans
(voir page 16)

Plymouth Rock
(voir page 18)

Rhode Island rouge
(voir page 20)

Wyandotte
(voir pages 21 et 22)

Abattre une poule

Comment procéder ?

Le geste lui-même est simple, mais exige de l'expérience afin d'assurer à l'oiseau un trépas sans souffrance inutile. Il y a des critères de bien-être de l'animal à ne pas oublier et à respecter dans tous les cas. Parmi les différentes méthodes possibles, la plus pratique et la plus utilisée par les éleveurs amateurs est décrite et illustrée page ci-contre.

Le cycle de la naissance, la vie et la mort se répète constamment dans l'élevage des poules, mais il est impératif d'accorder à celles-ci une fin décente. Il est immoral et illégal de provoquer des souffrances inutiles.

L'abattage de poules est-il légal ?

Les obligations imposées par la loi en matière d'abattage privé varient d'un pays à l'autre, mais répondent fondamentalement à ces trois questions.

Puis-je consommer la viande de mes poules ?
Oui, mais vous devez veiller à les abattre dans les règles d'humanité et d'hygiène.

Où puis-je abattre mes poules ?
Vos poules peuvent être abattues sur votre terrain, mais dans le respect des règles d'hygiène.

Puis-je vendre la viande de mes poules ?
Oui, au consommateur final, à condition d'avoir obtenu un numéro de recensement auprès des services vétérinaires du département ; ce numéro sera apposé sur une bague ou une étiquette accompagnant la volaille.

Les méthodes d'abattage

Il existe plusieurs façons de procéder, et dans tous les cas, ce doit être dans le respect de l'animal. À l'échelle commerciale, les méthodes employées sont l'étourdissement électrique, l'étourdissement sous atmosphère contrôlée (au gaz) et l'étourdissement mécanique à l'aide d'un pistolet à cheville percutante. Une variante est le bâton plombé, mais elle n'est pas conseillée.

Pour l'éleveur amateur, une méthode traditionnelle consiste à rompre le cou de la volaille, une excellente façon de tuer un oiseau blessé ou destiné à votre table. Cette méthode consiste à provoquer une commotion et à rompre la colonne vertébrale. Si elle est bien exécutée, l'oiseau perd connaissance immédiatement et de façon irréversible. Si le déroulement de l'opération vous inquiète ainsi que le fait de ne pas faire souffrir l'animal, cherchez conseil auprès de clubs spécialisés ou d'un éleveur de votre région. Ne vous lancez pas sans expérience ni si vous avez l'âme sensible.

COMMENT TUER UNE POULE EN DOUCEUR

Veillez à ne pas stresser l'animal qui va être tué, ni les autres oiseaux. Isolez l'oiseau choisi dans un autre enclos ou, de préférence, dans une remise vide où il sera seul avec vous. Mettez-le dans une grande cage couverte d'un linge afin qu'il reste calme. Autrement, fournissez-lui un perchoir à 30 cm de haut environ.

La façon de tenir la poule dépend de sa taille et de la vôtre. Si vous êtes petit, vous pouvez vous tenir sur une surface surélevée stable afin que l'oiseau pende dans le vide. Mais, dans la mesure du possible, restez sur le sol pour avoir plus de stabilité et éviter de trébucher par inadvertance et de tomber.

Étape par étape

1 *Tenez la poule par les pattes, la tête en bas. Tenez les pattes avec le pouce face à votre buste pour une prise ferme et solide (voir le médaillon ❶). Assurez-vous que la tête de la poule est parallèle à votre corps et non tournée vers l'extérieur.*

2 *Tenez le cou de la poule de la main droite, horizontalement, avec trois doigts. Le pouce entoure le cou de l'autre côté (voir le médaillon ❷).*

3 *Exercez une traction brusque vers le bas de façon à rompre le cou de la volaille et à laisser un espace entre le cou et la dernière vertèbre. Mieux vaut tirer trop énergiquement que de ne pas rompre le cou. Si la tête se sépare du corps, cela fera des saletés, mais cela vaut mieux qu'une dislocation partielle.*

4 *Généralement, l'oiseau bat des ailes et agite les pattes pendant quelques instants ; c'est mécanique, mais il est bien mort. Continuez à le tenir fermement.*

5 *Vous pouvez alors suspendre l'oiseau par les pattes dans un endroit frais et ombragé.*

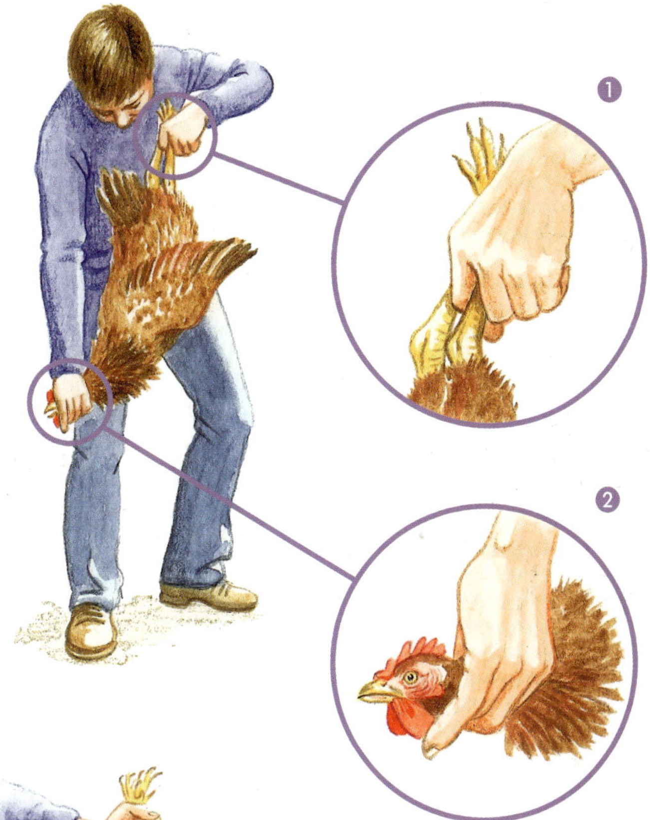

Gaucher ?

Si vous êtes gaucher, inversez la position des mains, de façon à opérer la traction avec votre main forte.

Astuces

Mieux vaut ne pas nourrir la poule pendant 24 heures avant de la tuer. Abreuvez-la cependant d'eau fraîche pour qu'elle reste calme.

S'il s'agit de votre première expérience, gardez votre sang-froid. Votre propre anxiété se transmettra à l'oiseau et rendra sa mort plus traumatisante.

Plumer une poule

La plumaison est-elle facile ?

Il est indispensable de retirer toutes les plumes, soit immédiatement après l'abattage, soit quand le corps est froid. La plumaison permet de nettoyer et de sécher la poule, et de la préparer avant la cuisson, c'est-à-dire la vider et la brider. Chaque étape est essentielle pour bien déguster une volaille et doit être exécutée avec soin et minutie.

La plumaison : combien de temps après l'abattage ?

Le corps de la poule restera tiède et flasque 45 minutes environ après la mort et avant la rigidité cadavérique. Des éleveurs préfèrent plumer une poule avant qu'elle ne soit froide, car les plumes se détachent bien.

Le moment de la plumaison est donc une question de préférence, mais si vous n'avez pas le temps immédiatement après l'abattage, attendez que la poule soit complètement froide, car si elle est encore tiède, la peau se déchirera.

L'échaudage

Cette technique facilite l'arrachage des plumes. Elle consiste à faire tremper la volaille dans de l'eau très chaude (trop chaude pour y plonger la main), plus précisément entre 62 et 65 °C. La chaleur fait fondre la graisse à la base des plumes et permet de retirer celles-ci sans peine.

Tenez la poule par les pattes et trempez le corps et les tarses dans l'eau pendant 3 à 5 secondes, puis agitez-la pour que l'eau remonte bien jusqu'à la base des plumes. Sortez la poule de l'eau quelques secondes et replongez-la dans l'eau pendant 3 à 5 secondes. Sortez la poule et tirez sur une grande plume de l'aile ; si celle-ci se détache facilement, l'échaudage est terminé. Sinon, replongez la poule dans l'eau et essayez à nouveau d'arracher une plume. Plusieurs essais peuvent être nécessaires.

Que faire des plumes ?

Elles sont riches en azote et, en couches fines, elles sont un excellent apport dans le compost. Les petites plumes jeunes se décomposent plus vite que les vieilles plumes à tuyau épais (la partie centrale rigide et souvent épaisse). Vous ne devez donc pas vous étonner qu'après un an dans le compost, ces parties soient encore identifiables. Ce n'est d'ailleurs pas un problème.

Le compost ainsi enrichi en azote est idéal pour améliorer le sol avant la plantation ou les semis de haricots verts ou d'Espagne, et de tous les autres légumes friands d'azote (voir pages 30 et 31).

Une poule qui a mené une vie heureuse en plein air devrait être un mets de choix.

L'intérêt de suspendre une poule

On pend l'oiseau pendant 24 heures pour faire descendre la température interne à 0 °C. L'endroit doit être propre, frais, protégé des animaux nuisibles, avec une bonne aération et une température inférieure à 3 °C.

Autrement, placez la poule dans le réfrigérateur. Attachez un sac en plastique autour de la tête pour retenir les gouttes de sang qui dégoulinent du bec et des narines.

Dois-je suspendre une poule ?

Il s'agit d'un choix personnel dont voici les avantages.

- La viande est plus savoureuse.
- La texture de la viande est améliorée par le début de la décomposition naturelle.
- Les viscères s'affermissent et sont plus faciles à vider.
- Les graisses se solidifient.

PLUMER UNE POULE

Couvrez vos vêtements d'une blouse ou d'un tablier pour éviter de vous salir. Un masque peut également être utile si vous travaillez dans un endroit clos pour vous protéger de la poussière dégagée par les plumes.

- Asseyez-vous sur un tabouret bas, la poule en travers de vos genoux, tête en bas. Autrement, suspendez l'oiseau par les pattes à un crochet ou autre fixation solide, à hauteur de votre tête ; la majeure partie du corps sera ainsi à la hauteur de vos épaules et l'arrachage des plumes sera facilité.
- Il est essentiel de tirer la plume dans la direction où elle pousse, plutôt que de tordre la plume et l'arracher en biais.
- Placez une bâche sous l'oiseau ou plumez-le sur une surface plane propre où il sera facile de balayer et ramasser les plumes.

LES TYPES DE PLUMES

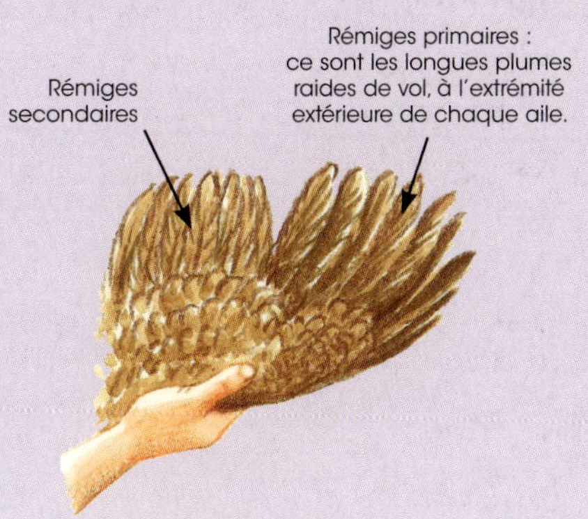

1 *Commencez par les rémiges primaires. Prenez fermement plusieurs plumes ensemble et tirez d'un coup sec pour éviter de déchirer la peau.*

2 *Puis plumez les pattes.*

3 *Plumez ensuite le corps.*

4 *Quand le corps et les pattes sont plumés, vous pouvez couper le cou au point de rupture et vider la volaille (voir pages 44 et 45).*

Vider et brider une poule

Est-ce nécessaire ?

Il est indispensable de vider (ou éviscérer) une volaille, c'est-à-dire de retirer les entrailles, avant la cuisson. Ce qu'on appelle les « abats » inclut le cœur, le foie et le gésier (la partie de l'estomac où les aliments sont broyés). Ces morceaux mijotés, accompagnés du cou, fournissent un bouillon traditionnel nourrissant. Les gésiers tièdes sont délicieux dans une salade.

VIDER UNE VOLAILLE

Avant d'entamer cette tâche, vérifiez que le plan de travail est propre et prévoyez un récipient pour recueillir les viscères. C'est important, car vous n'aurez pas envie de le chercher quand vous aurez les mains souillées.

Nettoyer le gésier

Avant d'être cuit et consommé, le gésier doit être nettoyé. À l'aide d'un couteau bien aiguisé, incisez-le dans la longueur et décollez la poche intérieure que vous jetterez.

1 *Posez la poule, la tête vers vous, sur un plan de travail propre. Tenez-la fermement et, à l'aide d'un couteau bien aiguisé, incisez la peau et coupez le cou à 2,5 cm de la naissance de l'aile.*

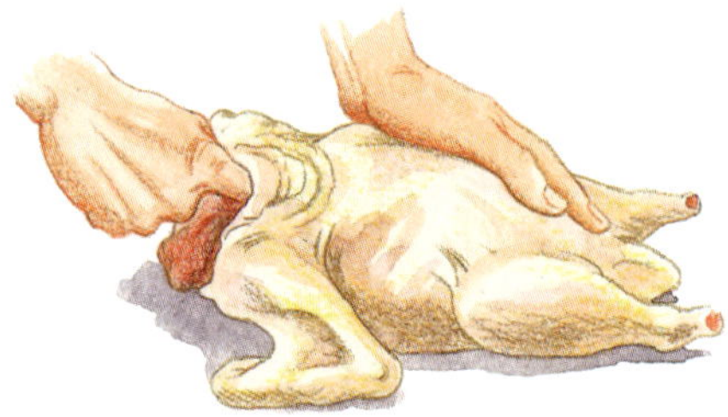

2 *Décollez l'œsophage et le jabot (la poche dans laquelle les aliments sont ramollis avant de passer dans l'estomac), et coupez au ras de l'ouverture du cou. Introduisez un doigt dans la cavité (voir ci-dessus) pour détendre les ligaments proches du bréchet et les arracher.*

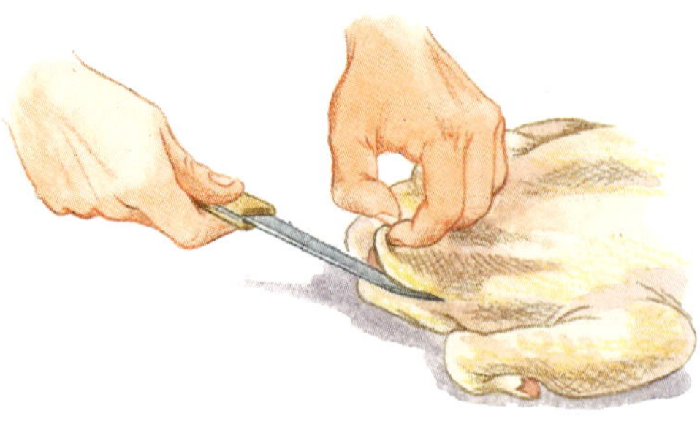

3 *Retournez la volaille. Incisez la peau qui entoure l'anus et retirez la couche de graisse autour de l'orifice. Elle peut donner un goût étrange à la viande si vous la laissez.*

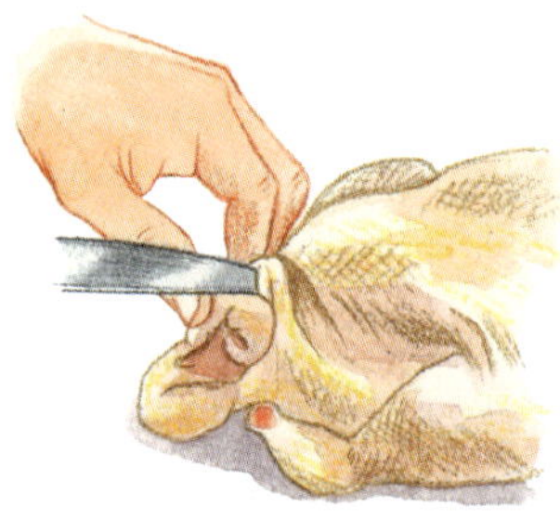

4 *Pratiquez une incision vers le cloaque (l'orifice par lequel la poule défèque, urine et expulse les œufs). Coupez soigneusement autour en veillant à ne pas trancher les intestins, puis retirez ceux-ci.*

VIDER UNE VOLAILLE (SUITE)

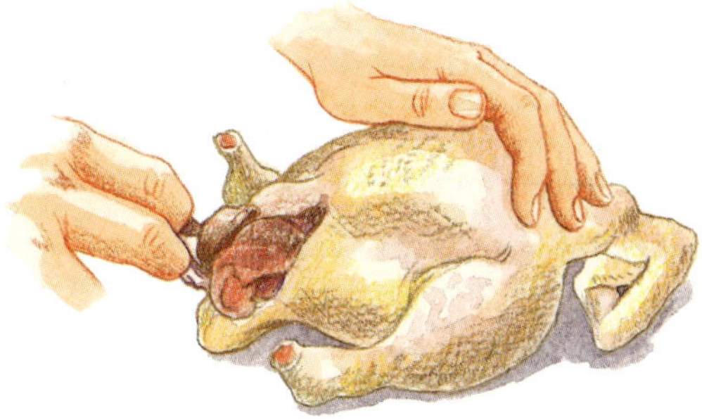

5 *Continuez à retirer les viscères (cœur, foie et reins). Vérifiez que vous avez tout retiré. Rincez légèrement la cavité et séchez soigneusement – un chiffon humide peut suffire. Les bactéries éventuelles seront détruites à la cuisson. Veillez toujours à bien cuire la volaille, à la bonne température et le temps recommandé.*

Flamber la carcasse

S'il reste des duvets sur le corps, vous les éliminerez rapidement en les flambant. Passez un morceau de papier enflammé sur les restes de plumes ou tenez la carcasse au-dessus d'un brûleur à gaz. Mais veillez à ne pas brûler la peau.

Cours de cuisine

Si vous doutez de vos compétences dans la préparation des volailles, les cours de cuisine peuvent fournir des informations intéressantes tant sur la théorie que sur les tours de main.

BRIDER UNE POULE

Souvent considérée comme le prolongement de l'éviscération, les amateurs de volaille voient dans cette opération une autre étape dans la préparation de la cuisson.

1 *Repliez le morceau de peau du cou sur la cavité. Posez la volaille sur le dos et, avec une aiguille et de la ficelle à rôtir, transpercez les cuisses et les ailerons. Ramenez les extrémités de la ficelle au-dessus du corps et faites un nœud.*

2 *Liez les pattes avec une autre ficelle. Il existe une technique utilisant une seule ficelle pour maintenir les pattes et les ailes.*

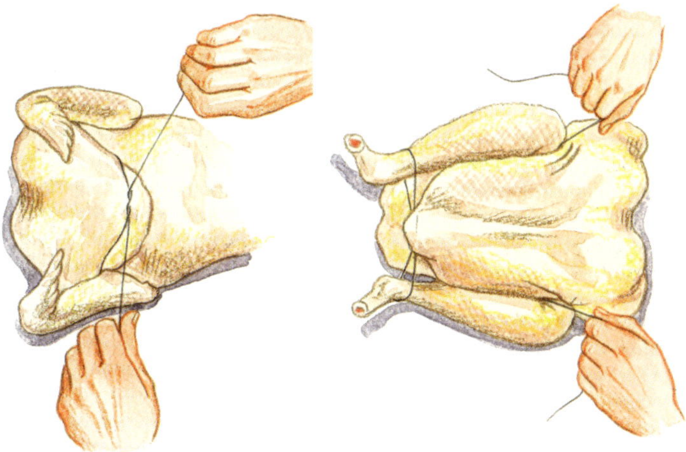

Congeler, décongeler et conserver

Une fois vidée, la volaille doit être cuite sans délai. Autrement, elle peut être congelée (à condition de ne pas être farcie). Placez-la dans un sac étanche et les abats dans un autre sac. Le congélateur doit être réglé sur la température la plus basse afin que la volaille refroidisse rapidement : c'est la garantie que la viande ne subisse pas d'altération et conserve son aspect et sa saveur. Une température de – 18 °C est donc indispensable.

Décongelez lentement une volaille. Mettez-la dans le réfrigérateur pendant 2 jours ; une fois décongelée, elle peut rester dans le réfrigérateur 2 jours de plus avant d'être préparer et cuite.

Les autres techniques consistent à décongeler la volaille dans l'eau froide ou au four à micro-ondes, mais le réfrigérateur est une méthode plus sûre.

Une volaille décongelée au micro-ondes doit être cuite immédiatement, car elle peut avoir en partie commencé à se réchauffer et à cuire ; les bactéries éventuelles risquent de se multiplier dans l'intervalle de temps et de contaminer la viande.

Des œufs pour la table

Est-ce facile ?

Élever des poules dans son jardin pour avoir des œufs frais est un nouveau mode de vie (voir les règles et réglementations pages 6). Voici tout ce qu'il faut savoir sur la production d'œufs, leur taille et leur structure, et le cycle de ponte, ainsi que sur la façon d'inciter les poulettes (femelles de moins de 1 an) à entamer celui-ci. Si possible, il est bon de noter quotidiennement la production.

Combien d'œufs une poule peut-elle pondre par an ?

Cela dépend pour beaucoup de la race de la poule et s'il s'agit d'une grande race ou d'une naine. Dans la description des races (voir pages 10 à 27), le nombre d'œufs est indiqué pour chaque race, grande ou naine. Des races comme la Poule soie pondent 80 à 100 œufs par an, alors que d'autres sont sélectionnées pour leur potentiel élevé, dont la Black Rock (280 œufs par an, ou davantage).

À quel âge les poulettes commencent-elles à pondre ?

Elles commencent généralement à pondre vers l'âge de 20 à 22 semaines, parfois un peu plus tôt. Il arrive souvent qu'une poulette ait des difficultés à expulser un œuf lors du premier cycle. Cela peut être un problème d'œuf bloqué dont la cause et le traitement sont expliqués page 67. Les autres problèmes de comportement des poules sont décrits pages 66 et 67.

Black Rock

Des couvées régulières vous récompensent d'avoir bien nourri vos poules et de les avoir logées confortablement.

Pourquoi mangeons-nous des œufs ?

Un œuf de poule est un miracle de la nature. Sa première vocation est la reproduction, mais il en est détourné chaque jour par des millions d'individus qui se nourrissent de ses précieuses protéines. Les poules jouent un tel rôle dans notre alimentation que leur nombre est estimé à 28 milliards à travers le monde. Les recherches médicales suggèrent aussi que la consommation d'œufs contribuerait à la prévention de la DMLA (dégénérescence maculaire liée à l'âge).

- **Combien de calories un œuf fournit-il ?**

Selon sa taille, un œuf fournit 60 à 80 calories, mais accompagné de pain et de beurre, il monte à 225 calories. Toutefois, qu'il soit consommé seul, sur le plat ou en omelette, il est de loin le meilleur « fast-food » et certainement plus sain que tous les aliments prêts à consommer. Il constitue également des repas bon marché.

- **Sont-ils utiles dans un régime ?**

Oui. Dans l'objectif de perdre du poids, vous devez réduire le nombre de calories tout en conservant un régime équilibré et nourrissant.

- **Combien pèse un œuf ?**

Un œuf de taille moyenne pèse entre 53 et 63 grammes ; la coquille en compose 11 %, le blanc 58 % et le jaune 31 %.

QU'EST-CE QU'UN ŒUF ?

Un œuf est composé de nombreux éléments protégés dans une coquille admirablement dessinée et conçue, capable de supporter d'énormes pressions lors de la ponte et de résister à des chocs. Outre le jaune et le blanc, bien connus, voici les autres composants d'un œuf.

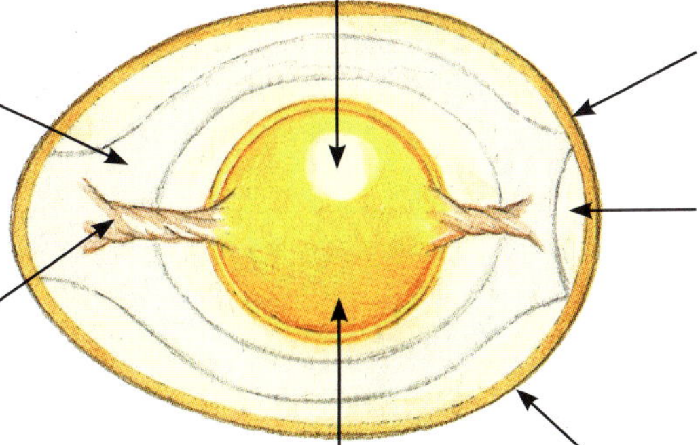

Comment savoir qu'une poulette est prête à pondre ?

Une poulette qui s'apprête à pondre arbore fièrement une belle crête rouge vif. Vous remarquerez aussi un élargissement du corps de l'oiseau, notamment de chaque côté du cloaque (orifice par lequel est expulsé l'œuf). L'inspection de cette zone permet d'évaluer si la poulette va pondre ou non (voir pages 36 et 37 les conseils de manipulation et d'examen d'une poule).

Encourager une poulette à pondre

Une poulette qui atteint le stade où elle pourrait pondre montre de l'agitation, entre et sort du poulailler, et glousse sur un ton inquiet et agressif.

Si elle fait partie d'un groupe de pondeuses déclarées, les pondoirs sont déjà prêts. Dans le cas contraire, veillez à en installer un pour elle dans un coin sombre et tranquille du poulailler, garni de paille, ce qui crée un nichoir rassurant, propice à la ponte.

Il arrive qu'une poule ponde à même le sol ; retirez rapidement les œufs, ainsi que la paille environnante. Des faux œufs en porcelaine placés dans un pondoir l'encourageront à pondre au bon endroit.

Puis-je vendre les œufs de mes poules ?

En Europe, la vente des œufs doit respecter la réglementation communautaire. Vendre vos œufs sur le lieu d'élevage ne pose pas de problèmes réglementaires, mais la vente sur les marchés doit être déclarée auprès des services concernés.

Les œufs doivent être marqués avec un code permettant d'identifier l'établissement de ponte, le pays d'origine et le mode d'élevage de la poule (biologique, plein air, au sol ou cage), et la date de consommation recommandée. Les œufs non calibrés vendus directement au consommateur final sont exemptés de ces mentions.

Fécondation et collecte des œufs

Un coq est-il indispensable ?

Un coq ne joue aucun rôle dans la production d'œufs, mais sa présence est indispensable si vous souhaitez reproduire vos volailles. Un mâle dans un groupe de poules offre des avantages et pose des problèmes abordés ci-dessous. Cependant, le spectacle d'un coq et de poules est un tableau champêtre charmant pour nombre d'amateurs.

LES AVANTAGES ET LES INCONVÉNIENTS DE L'ÉLEVAGE D'UN COQ

Pour l'éleveur amateur, l'intérêt d'un coq est un équilibre entre le plaisir de reproduire ses volailles et le coût et le bruit qu'il provoque. De plus, rien ne permet d'affirmer que la présence d'un mâle encouragera vos poules à produire davantage d'œufs. Par ailleurs, l'introduction d'un coq chez des poules qui n'en ont jamais vu ou entendu auparavant risque de les perturber et même de les dissuader de pondre. Voici quelques points qui méritent d'être pesés.

Les avantages

- Il féconde les poules dont les œufs pourront être couvés pour obtenir des poussins.
- Le nombre d'œufs pondus quotidiennement par vos poules augmente quand il est présent.
- Il maintient l'ordre parmi les poules et évite que des disputes n'éclatent entre elles.
- Sa présence contribue au calme et à la satisfaction des poules.

Les inconvénients

- Le bruit – notamment dans un jardin urbain ou avec des voisins immédiats.
- Le coût d'achat.
- Le coût d'alimentation.
- Il doit être âgé de 10 mois au minimum.
- La fertilité diminue après l'âge de 5 ou 6 ans.
- Vérifiez qu'il n'a pas de lien de proche parenté avec les poules – les unions consanguines risquent d'aboutir à des malformations de poussins.
- Il doit être vacciné contre la maladie de Newcastle, ou peste aviaire (voir page 64). Cette maladie doit être signalée aux autorités sanitaires (voir page 61).
- Il ne devrait pas avoir la charge de plus de huit poules, six de préférence.
- Achetez-le chez un éleveur réputé.
- N'introduisez pas un coq parmi de jeunes poulettes si vous voulez des œufs bons à couver.

Un coq affiche clairement sa fierté, son importance et sa majesté.

Collectez les œufs régulièrement, tous les jours (voir détails ci-contre), et placez-les dans un panier ou un saladier.

La collecte des œufs

Les producteurs professionnels ramassent les œufs le plus tôt possible après la ponte et font des tournées jusqu'à trois ou quatre fois par jour. L'amateur – surtout s'il travaille par ailleurs – ne fait le tour des pondoirs que le matin et le soir. La collecte immédiate des œufs après la ponte a l'avantage d'éviter que les poules ne les gobent.

Consommer les œufs frais

Laissez reposer les œufs fraîchement pondus pendant 2 jours avant de les consommer – les blancs se stabiliseront. Pour identifier les œufs les plus récents, notez la date de collecte sur la coquille avec un feutre à encre alimentaire.

Conserver les œufs

Les œufs frais peuvent être conservés 2 ou 3 semaines dans un garde-manger frais et bien aéré ; dans un réfrigérateur, à une température constante de 4 °C, ils resteront comestibles 3 ou 4 semaines. Les œufs ne supportent pas la congélation qui fait exploser la coquille.

Les jaunes se conservent une journée dans un garde-manger frais et 4 ou 5 jours au réfrigérateur ; les blancs se conservent une semaine au réfrigérateur. Il est toutefois toujours préférable de conserver les œufs entiers et de les consommer frais. Si vous conservez les blancs ou les jaunes, placez-les dans un récipient transparent propre et couvrez de film alimentaire.

Tester la fraîcheur d'un œuf

La méthode est simple et rapide. Placez les œufs dans un saladier empli d'eau ; les œufs gâtés flottent, les œufs frais tombent au fond, car la chambre à air (voir page 47) est plus petite dans un œuf tout frais.

Manger des œufs fécondés

Ils ont été pondus par une poule ayant été fécondée par un coq. Ils sont comestibles, même si cela gêne certaines personnes. Les règles du marketing imposent parfois aux producteurs commerciaux de fournir des œufs « exempts de corps étrangers », ce qui signifie qu'ils n'ont pas été fécondés.

Comment prévenir l'instinct de couvaison ?

L'apparition de l'instinct de maternité se révèle quand une poule commence à couver ses œufs. Vous la dissuaderez en l'isolant dans une cage à lattes (voir ci-dessus à droite), mais en vue de ses congénères. Le calme de cette cage et quelques jours de solitude occupés à voir les autres poules gratter le sol avec un plaisir apparent décourage généralement ce comportement. Vous pourrez alors la remettre parmi les autres poules et elle pondra normalement.

Les œufs anormaux

Il arrive que des œufs présentent un aspect inhabituel.

- **Double jaune :** ce n'est pas un problème et cela se produit souvent dans la seconde saison de ponte. Certaines races sont plus sujettes à ce phénomène et l'on pense que cette tendance est héréditaire.
- **Œuf sans jaune :** cela se produit souvent chez les jeunes poulettes qui ne sont pas complètement développées. À l'inverse, cela peut arriver à des poules qui atteignent la fin de leur vie de pondeuse.
- **Œuf taché de sang :** il ne présente aucun risque et l'on pense que l'origine est héréditaire. On peut mirer les œufs et écarter les œufs tachés (voir page 57).
- **Coquille molle :** elle révèle une carence en calcium du régime alimentaire ; apportez un complément de calcium dans la nourriture. Les bruits violents peuvent aussi provoquer cette anomalie.

Des œufs en hiver

Les poules pondent moins en hiver qu'en été, car la ponte est stimulée par l'allongement de la lumière du jour, ce qui explique également l'augmentation de la ponte au cours du printemps.

Les producteurs professionnels exposent les poules à une lumière artificielle pour maintenir la ponte tout au long de l'année. Les éleveurs amateurs ne recourent généralement pas à cette solution, mais une bonne orientation du poulailler (voir page 29) encouragera les poules à augmenter la ponte au plus tôt.

Comment reproduire vos poules ?

Cela en vaut-il la peine ?

Outre l'économie de l'achat de jeunes poulettes pour remplacer les poules vieillissantes à la fin de leur période de ponte, il est toujours amusant de voir des poussins courir dans le jardin. Vous devrez toutefois vous équiper pour faire face à l'arrivée de ces jeunes vies dans votre univers et satisfaire leurs besoins pendant de nombreuses semaines - une véritable maternité. Un élevage est un investissement de temps, mais il intéressera toute la famille, surtout les enfants.

Un coq qui maintient l'ordre parmi les poules est un pilier de votre élevage.

Remplacer les poules âgées

Il existe trois solutions :

- Élever les poussins de vos poules (voir ci-dessous).
- Acheter des poussins que vous amènerez à maturité ; les poulettes seront ensuite prêtes à pondre au bout de 20 à 22 semaines.
- Acheter des poulettes prêtes à pondre qui remplaceront vos poules vieillissantes - vous pourrez alors abattre celles-ci et les consommer. Si vous ne les mangez pas, ne les enterrez pas dans votre terrain, mais débarrassez-vous du corps en suivant les réglementations sanitaires en vigueur.

Les poules reproductrices

Vous pouvez évidemment utiliser n'importe lesquelles de vos poules pour la reproduction. Il est toutefois essentiel que la poule (voir l'encadré ci-contre sur les caractéristiques souhaitables) n'ait pas de lien de proche parenté avec le coq - les unions consanguines provoquent des malformations chez les poussins.

Soit dit en passant, l'éleveur amateur a tout intérêt à se concentrer sur des races pures plutôt que de se lancer dans des croisements.

CARACTÉRISTIQUES DES POULES

Avant de choisir une poule à des fins de reproduction, examinez-la d'un œil clinique plutôt qu'affectif. Il n'est pas bon de reproduire une poule simplement parce qu'elle est devenue un animal de compagnie ou parce qu'elle est charmante. Rappelez-vous qu'une poule qui répond à son nom et semble vous reconnaître, mais est une pondeuse médiocre, revient aussi cher à élever qu'une bonne pondeuse aussi sympathique.

Voici les points essentiels à considérer.

- **Bonne capacité de ponte :** tenez un cahier des performances de ponte de vos poules. Vous ferez ensuite votre choix en toute connaissance de cause.
- **Qualité des œufs :** évitez les poules dont les œufs présentent des défauts.
- **Maturité sexuelle :** elle arrive à 22 semaines environ. Si une poulette commence à pondre beaucoup plus tard, mieux vaut l'écarter du processus de reproduction. Il est par ailleurs préférable d'attendre la seconde saison de ponte d'une poule avant de l'employer pour la reproduction.
- **Santé :** n'utilisez que des poules en bonne santé. Les parasites, maladies et pathologies diverses sont décrits pages 60 à 67.

Combien de poules pour un coq ?

Pour un coq de race lourde, huit poules sont le maximum. Mais un coq de race légère peut s'occuper de dix poules sans problème.

Quelle que soit sa race, le coq devra bénéficier de temps de repos réguliers. Isolez-le des poules dans un enclos séparé 1 ou 2 jours par semaine.

Combien de temps un coq reste-t-il sexuellement actif et fécond ?

Cela dépend de sa constitution, mais la limite est généralement de 4 ans. Certains restent cependant sexuellement opérationnels jusqu'à l'âge de 5 ou 6 ans.

Prendre soin de votre coq

- **Nourrir un coq :** un régime riche en protéines est indispensable. Outre les rations normales, un apport de foie haché le stimulera.
- **Tailler ses ergots :** veillez à ce que les ergots ne dépassent pas 12 mm de longueur afin que les poules ne soient pas blessées pendant l'accouplement. Pour cette opération, enveloppez le coq dans une serviette et utilisez une pince coupe-câble.

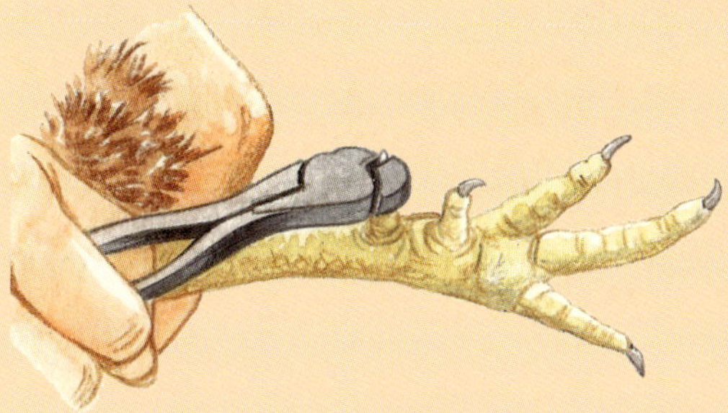

La couvaison

Après avoir été « cochée » à plusieurs reprises, une poule commence à pondre des œufs fertiles. Pour une couvaison naturelle, laissez les œufs sous la poule dont la température est normalement de 37,7 °C.

Une poule dont l'instinct maternel s'éveille se reconnaît à plusieurs attitudes.

- Elle décide de rester couchée sur ses œufs.
- Si on l'approche, elle ébouriffe ses plumes et émet des gloussements forts et gutturaux.
- Si on la déplace, elle reste autour du pondoir, toujours ébouriffée, et revient vers les œufs.

Les œufs couvés éclosent au bout de 21 jours environ. Ce délai est parfois raccourci ou allongé d'un jour, mais l'incubation, partie intégrante du cycle de reproduction, ne peut être accélérée.

CARACTÉRISTIQUES DU COQ

- Si vous achetez un coq à des fins de reproduction, vérifiez son pedigree pour être sûr de la qualité de sa descendance. Il est important que sa mère soit issue d'un bon cheptel, avec une capacité de ponte avérée. Achetez-le chez un éleveur réputé.
- Vérifiez son état de santé. Les points à examiner chez une poule sont détaillés page 60 et s'appliquent également à un coq.
- Il doit être âgé d'au moins 10 mois, de préférence davantage.
- Il ne doit pas avoir de lien de parenté avec les poules.

Le coq sera inapte à produire des œufs fertiles s'il n'est pas sûr de lui et en bonne santé.

Quel est le cycle de couvaison ?

À l'état sauvage, les poules pondent deux couvées par an, au printemps et en automne, qu'elles couvent spontanément pour assurer leur descendance.

L'hybridation des poules a quasiment éliminé ce penchant naturel chez certaines races, mais les races pures les plus anciennes l'ont conservé. Par conséquent, si vous avez besoin d'une mère de substitution pour couver des œufs, tournez-vous vers ce type de races.

Le comportement d'une poule disposée à couver est décrit page 51 sous le titre « La couvaison ».

Prendre soin d'une poule couveuse

Elle exige des attentions particulières.

- Procurez-lui une température douce et du confort.
- Son nid doit être au sec, protégé des courants d'air et des nuisibles, notamment des rats.
- Fournissez-lui une litière chaude et sèche, par exemple de la paille ou du foin ; les copeaux de bois font aussi l'affaire.
- Elle doit être au calme et isolée des autres poules qui risqueraient d'envahir son espace privé.
- Vérifiez qu'elle n'est pas infestée de puces et d'acariens (voir page 63).
- La nourriture et l'eau doivent être à sa disposition en permanence.
- Elle se lève normalement tous les jours pour prendre un peu d'exercice : c'est le moment de vérifier l'état des œufs.
- Si elle ne quitte pas ses œufs, soulevez-la délicatement et vérifiez qu'ils sont tous présents.
- Il n'est pas nécessaire de tourner les œufs, car la poule s'en charge plusieurs fois par jour.
- Au cours des 3 jours précédant l'éclosion, soulevez la poule et aspergez les œufs d'eau légèrement tiédie pour qu'ils ne se dessèchent pas.

L'éclosion

Les œufs fécondés éclosent au bout de 21 jours environ. Vers la fin de cette période, vous entendrez des tapotements provenant de l'intérieur de l'œuf. N'aidez pas un poussin à sortir de sa coquille. Ceux qui n'y parviennent pas seuls sont faibles et ne survivront pas longtemps. Cela peut évoquer la « loi de la nature », mais un poussin infirme ne produira jamais des œufs de la qualité et dans la quantité voulues.

Il arrive toutefois que la coquille soit épaisse et résiste aux coups de bec du poussin. Dans ce cas, amollissez-la avec précaution à l'eau légèrement tiédie, puis replacez l'œuf parmi les autres. N'immergez pas l'œuf, car vous risqueriez de noyer le poussin.

Moment magique où le poussin tente de se libérer. Une nouvelle vie apparaît.

Gardez la poule dans un nid sec, chaud et douillet, à l'écart des autres poules qui pourraient la perturber.

PRENDRE SOIN DES POUSSINS

Qui ne serait pas ému à la vue d'un poussin duveteux ?

La mère et sa nichée forment un tableau inoubliable.

Soigner des poussins

Comme tous les petits, les poussins exigent des soins et une alimentation spécifiques pour grandir rapidement, avec vigueur et santé.

L'alimentation de départ

Pendant les 24 premières heures, les poussins ne demandent aucune nourriture. Ensuite, vous leur donnerez des aliments « spécial démarrage », riches en protéines et présentés sous forme de miettes qui contiennent tous les éléments nutritifs nécessaires à un régime équilibré.

Au départ, ces miettes sont plus digestes légèrement humidifiées ; vous pouvez aussi ajouter quelques gouttes d'huile de foie de morue.

À défaut de miettes de démarrage, de l'œuf dur finement haché et mélangé à des miettes fines de pain complet est un bon aliment pour les poussins ; la préparation demande un peu de temps, c'est pourquoi nombre d'éleveurs amateurs lui préfèrent les miettes que les poussins peuvent consommer jusqu'à l'âge de 6 à 8 semaines.

Au cours des premières semaines, les poussins doivent être nourris à intervalles réguliers, toutes les 4 heures. La poule leur apprendra à picorer les miettes, mais s'ils sont lents à comprendre, remplissez un récipient plat de nourriture et tapotez la paroi pour attirer leur attention.

Veillez également à ce que les poussins disposent d'eau pure en permanence dans un récipient peu profond. Un récipient trop profond est dangereux, car les poussins auront du mal à atteindre l'eau et, dans leurs efforts pour boire, risquent de tomber et de se noyer.

À l'âge de 6 à 8 semaines

Quand les poussins atteignent cet âge, modifiez progressivement leur régime et passez à des granulés « spécial croissance ». Servez-leur les deux types d'aliments pendant quelques jours, le temps qu'ils s'habituent à la taille des granulés.

À l'âge de 16 semaines

Les poussins peuvent maintenant se nourrir d'aliments pour pondeuses, sous forme de granulés ou de farine (voir page 35).

La bonne température

Procurez aux poussins le même environnement chaud et douillet que pendant la couvaison. Et veillez à ce qu'il soit également sec, protégé des courants d'air et des nuisibles, notamment des rats.

Continuez à fournir à la mère une litière chaude et sèche, de paille, foin ou copeaux. Les poussins, surtout quand ils sont tout petits, se blottissent contre leur mère pour rester au chaud.

Le plumage

À l'âge de 6 à 8 semaines, le poussin aura développé ses plumes, sera plein de vigueur et aura atteint le stade où l'on dit qu'il est « endurci ». Si la température est douce (plus de 18 °C), ils peuvent séjourner à l'extérieur dans un enclos grillagé complété par un compartiment fermé qui les protège de la pluie et du vent. C'est ce qu'on appelle une éleveuse « haybox » (illustrée page 59). Un parcours grillagé d'environ 1,80 m de long, 60 cm de large et de haut accueillera jusqu'à douze poussins.

L'incubation artificielle

Comment s'y prendre ?

Au lieu de compter sur la mère pondeuse pour couver les œufs fertiles (voir pages 50 à 53), vous pouvez recourir à l'incubation artificielle. Il vous faudra soit une mère de substitution, soit un incubateur qui assure la température nécessaire à l'éclosion des poussins. Les poules n'ont pas toujours l'instinct maternel, notamment en début d'année, et un incubateur est souvent indispensable. Il est facile à installer et très efficace.

Que faire si je n'ai pas de coq ?

Si vos poules n'ont pas été fécondées par un coq, vous pouvez acheter des œufs fertiles chez un fournisseur sérieux et les placer sous une poule couveuse ou dans un incubateur, loué ou acheté.

Les avantages d'une poule couveuse

L'avantage de l'emploi d'une mère de substitution est de respecter le processus naturel de reproduction.

Les avantages et inconvénients de l'incubation artificielle sont exposés ci-dessous.

Installer un incubateur

Achetez le meilleur modèle que vous permet votre budget et faites-le installer par un électricien qualifié. Placez-le dans un endroit où il ne risquera pas d'être heurté, où la température est constante, et à l'abri du soleil direct et intense qui pourrait provoquer une surchauffe et endommager les œufs.

Ne laissez pas traîner des câbles électriques sur le sol du local ; si vous les accrochez ou les emmêlez, vous risquez d'abîmer l'incubateur et de perdre le fruit de plusieurs semaines de travail.

On peut voir des œufs à divers stades d'incubation (y compris éclos) dans des incubateurs, notamment dans les grands modèles domestiques.

AVANTAGES ET INCONVÉNIENTS DE L'INCUBATION ARTIFICIELLE

Avantages

- Permet de faire éclore des œufs même en l'absence de poule couveuse.
- Une fois en possession d'un incubateur, il est facile d'élever des poulettes en remplacement des poules âgées dont les performances de ponte sont en baisse.
- Le coût d'achat d'un incubateur doit être considéré comme un investissement à long terme. On en trouve parfois d'occasion, mais vérifiez que les circuits électriques sont en bon état et compatibles avec votre installation.

Inconvénients

- Le coût d'achat d'un incubateur peut être élevé si vous l'utilisez rarement. Il est parfois plus rentable d'acheter des poulettes prêtes à pondre.
- Quand l'incubateur est acheté et installé, la période de couvaison a un coût et exige de la vigilance. Il est essentiel de maintenir la température désirée, de marquer les œufs et de les retourner régulièrement.
- Vous devrez l'installer dans un local calme, protégé des courants d'air et des nuisibles, et doté d'une alimentation électrique (même si les premiers incubateurs étaient chauffés par des lampes à pétrole).
- La température doit être soigneusement contrôlée (voir page 55) pendant 21 jours environ pour que les poussins arrivent à terme en bonne santé.
- Les œufs doivent être retournés régulièrement (voir page 57), ce que fait naturellement la mère. Le rythme minimal est de trois fois par jour pour empêcher l'embryon de coller à la paroi intérieure de la coquille.

LES TYPES D'INCUBATEUR

Il existe de nombreux modèles, destinés aux professionnels ou aux éleveurs amateurs. Voici les deux principaux systèmes.

Incubateurs à ventilation statique

Ils ne sont pas équipés de ventilateur et l'air reste immobile au-dessus des œufs. Il est hélas délicat de régler et contrôler la température dans ce type d'incubateur et on a vite fait de surchauffer les œufs par mégarde.

L'idéal pour mesurer la température, et donc la baisser ou la monter, est d'utiliser deux thermomètres et de faire la moyenne entre les deux indications. Le bulbe du thermomètre doit être à la hauteur ou légèrement au-dessus (5 cm) du haut des œufs, et non à proximité de la source de chaleur.

Incubateurs à ventilation dynamique

Un ventilateur fait circuler l'air dans l'incubateur à la température voulue. En réglant la température entre 37,2 et 37,5 °C, elle montera légèrement, jusqu'à 37,7 °C.

Petit incubateur domestique à trois œufs, doté d'un réglage par puce électronique.

Petit incubateur domestique avec réglage de température et d'hygrométrie.

En cas de panne d'électricité ?

Posez des couvertures sur l'incubateur pour conserver la chaleur au maximum. Vous pouvez aussi placer des bougies, dans des bocaux, contre la paroi de l'incubateur, mais à distance de tout matériau inflammable. Si la coupure d'électricité dure plus de quelques heures, vous devrez mirer les œufs (voir page 57) ultérieurement pour vérifier qu'ils sont toujours fertiles.

Le choix des œufs fertiles à couver

- Sélectionnez des œufs propres, de bonne taille, pondus par des poules plutôt que par des poulettes qui viennent de commencer à pondre.
- Le poids idéal des œufs est de 70 g.
- Plus l'œuf est frais, plus il a de chances de donner un poussin. Il ne doit donc pas avoir plus de 7 jours (voir ci-dessous la conservation des œufs avant incubation).
- Écartez les très gros œufs, car ils contiennent peut-être deux jaunes et les poussins n'arriveront pas à terme.
- Évitez les œufs fêlés ou difformes ; même des fissures de l'épaisseur d'un cheveu laissent pénétrer les bactéries.

Conserver les œufs avant l'incubation

Si des œufs sont en attente d'incubation, vous pouvez les conserver jusqu'à 14 jours (mais de préférence pas plus de 7 jours). Posez-les dans des boîtes à œufs, la pointe en bas, à une température de 12,7 à 15,5 °C et un taux d'humidité de 70 à 75 %. Retournez-les trois fois par jour. Une température supérieure à 23,8°C et une hygrométrie inférieure à 40 % les abîmeront rapidement. Si le taux d'humidité est trop faible, placez une coupelle d'eau à côté d'eux.

Température, hygrométrie et ventilation

Outre le fait de retourner les œufs (voir page 57), la température et l'hygrométrie doivent être surveillées.

- **La température :** la température d'incubation optimale est de 37,7 °C et elle doit régner à la hauteur de l'œuf. L'embryon sera abîmé, souvent tué, si elle dépasse 39,5 °C ou tombe sous 35,5 °C pendant plusieurs heures.
- **L'humidité :** le taux d'humidité au sein de l'incubateur peut être modifié en changeant de taille d'humidificateur ou en plaçant une petite éponge dans l'eau pour augmenter la surface d'évaporation. L'hygrométrie idéale est de 60 % pendant la majorité de l'incubation, mais montée entre 65 et 70 % pendant les 3 derniers jours (l'incubation dure normalement 20 ou 21 jours). Mesurez le taux d'humidité avec un thermomètre à bulbe humide et rappelez-vous qu'une hausse de l'humidité affecte la température ; les deux paramètres doivent être soigneusement surveillés.
- **La ventilation :** les œufs ont besoin d'une circulation d'air ; vérifiez donc que la ventilation est correcte et que les prises d'air ne sont pas obstruées.

Faut-il laver les œufs avant de les placer dans l'incubateur ?

Ne les lavez pas, sauf s'ils sont très sales, car vous détruiriez la couche protectrice de la coquille, avec le risque que les microbes pénètrent par les pores. Contentez-vous de brosser délicatement les saletés séchées.

Cependant, si un œuf est vraiment couvert de saleté, essuyez-le avec un chiffon humidifié d'une eau à peine plus chaude que la température de la coquille ; l'œuf expulsera la saleté par les pores. Veillez à ne pas utiliser d'eau plus fraîche que la coquille.

PLACER LES ŒUFS DANS L'INCUBATEUR

- Branchez l'incubateur plusieurs heures à l'avance pour être sûr qu'il a atteint la bonne température (voir page 55) le moment voulu.

- Avant de placer les œufs dans l'incubateur, tracez sur chacun un X d'un côté et un O de l'autre, à l'aide d'un marqueur à encre alimentaire. Cela vous permettra d'identifier les œufs que vous avez retournés (voir page 57).

- Inscrivez également sur chaque œuf la date prévue de son éclosion (comptez 20 ou 21 jours à partir du moment où vous placez l'œuf dans l'incubateur). Vous pourrez ainsi surveiller les œufs qui sont sur le point d'éclore.

- Ne surchargez pas d'œufs un petit incubateur.

- Complétez régulièrement le niveau d'eau de l'humidificateur (au fond de l'incubateur) afin de maintenir la bonne hygrométrie (voir le taux d'humidité page 55).

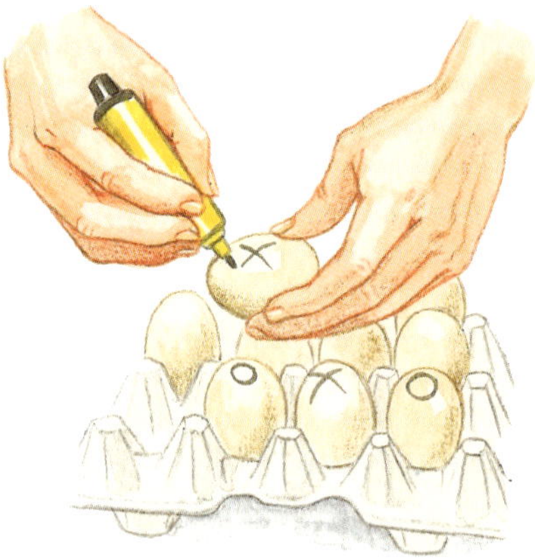

Marquez les œufs à l'encre indélébile, d'un X d'un côté et O de l'autre, et inscrivez la date prévue de l'éclosion.

Il est essentiel de maintenir une hygrométrie correcte afin que les œufs ne soient pas desséchés par la chaleur de l'incubateur (voir le taux d'humidité page 55).

MIRER LES ŒUFS

Il est bon de mirer les œufs (les observer à l'intérieur) 7 ou 8 jours après les avoir placés dans l'incubateur. Cette vérification simple et rapide permet de savoir si les œufs sont fertiles et produiront donc un poussin. Si un œuf n'est pas fertile, retirez-le de l'incubateur.

Dans le passé, on utilisait une chandelle pour cet examen. Aujourd'hui, il existe un appareil spécifique, le mire-œufs, mais il est assez simple de fabriquer une boîte à mirage. Prenez une boîte de 15 cm de large sur 20 à 23 cm de long (voir l'illustration ci-contre). Fixez une douille sur l'un des côtés et adaptez une ampoule de 60 W. Découpez un trou de 3 cm de large de l'autre côté.

Pour mirer un œuf

- Éteignez la lumière dans le local pour le plonger dans l'obscurité.
- Allumez l'ampoule de la boîte.
- Sortez les œufs, l'un après l'autre, de l'incubateur et placez-les devant le trou d'où provient la lumière.
- Observez l'œuf du haut ou légèrement en biais si cela vous est plus facile.
- Si vous distinguez une tache rouge avec un fin réseau de veines rayonnant dans tous les sens, l'œuf est fertile ; replacez-le dans l'incubateur. Réalisez ce test rapidement pour éviter que l'œuf ne refroidisse.
- Si l'œuf est « clair », il est stérile. Vous pouvez le faire cuire et le hacher pour nourrir vos poules.

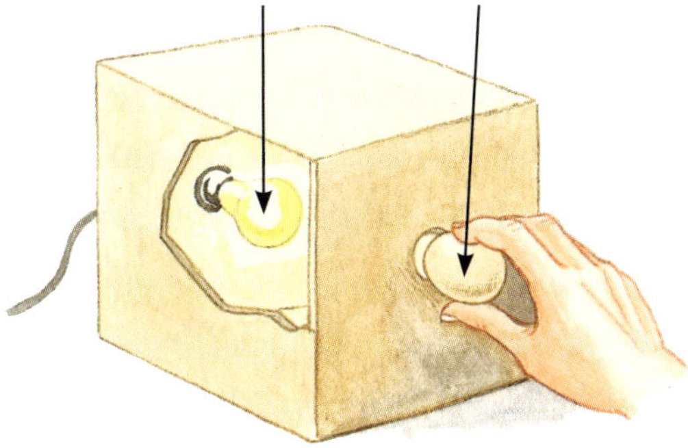

Il est facile de fabriquer une boîte à mirage, mais veillez à la sécurité de l'installation électrique. (Voir ci-contre, en haut, l'explication de la fabrication.) Ne découpez pas l'ouverture d'observation en haut de la boîte, car la chaleur monterait rapidement dans la boîte et pourrait endommager l'œuf.

Il existe des mire-œufs dans le commerce, efficaces et faciles à installer.

Le mirage au bout de 7 ou 8 jours

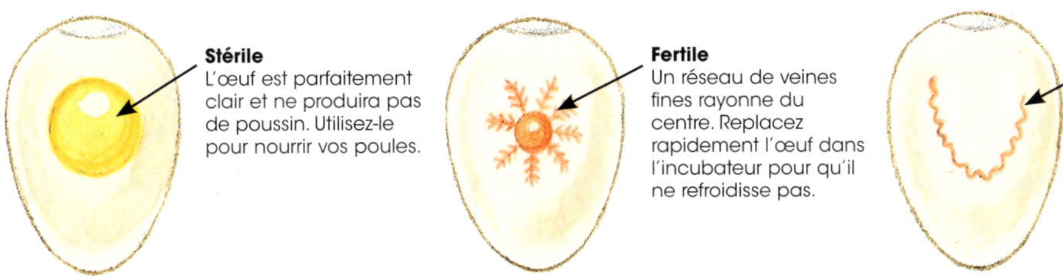

Retournement des œufs et éclosion

Les œufs doivent être retournés régulièrement – trois fois par jour ou davantage – pour éviter que l'embryon ne se colle contre la coquille. Les marques tracées sur chaque œuf vous aideront à repérer les œufs que vous avez retournés. Des éleveurs recommandent de retourner les œufs un nombre de fois impair ; ainsi, ils ne passent pas toutes les nuits sur le même côté. Vous cesserez de retourner les œufs le 19ᵉ jour et vous ne tarderez pas à entendre le tapotement du bec du poussin contre la coquille. Le poussin continuera à la frapper jusqu'à ce qu'il puisse s'en libérer.

C'est un moment d'excitation dans la maison et dans un jour ou deux, les poussins apparaîtront. Bon nombre d'incubateurs sont dotés d'une paroi transparente à travers laquelle vous pouvez observer ce qu'il se passe ; vous pouvez vous préparer pour le grand moment.

Tous les poussins - que ce soit des pintades (photo ci-contre) ou des poulets - demandent des soins attentifs à l'éclosion pour devenir des oiseaux vigoureux.

Prendre soin des poussins fraîchement éclos

Les soins à apporter aux poussins éclos sous la mère sont décrits page 59. Cependant, les poussins d'incubateur qui n'ont pas de mère attentionnée exigent un soutien particulier et un environnement calme et douillet que leur procurera une éleveuse. Ils doivent aussi être nourris et abreuvés régulièrement (voir page 53).

Des éleveurs laissent les poussins seuls pendant 24 heures après l'éclosion pour leur permettre de sécher et de déployer leur duvet. Il est inutile de les nourrir pendant cette période ,car le jaune de l'œuf qu'ils ont absorbé avant l'éclosion constitue une réserve.

Sélectionner les poussins

Il est indispensable de supprimer tous les poussins faibles, aveugles et difformes qui ne deviendront jamais des oiseaux sains. Tuer des poussins n'est pas une tâche pour les âmes sensibles, mais ce doit être fait. Une méthode consiste à frapper violemment la tête du poussin ou à lui briser la nuque contre un gros morceau de bois.

Il est bon d'écarter les enfants pendant l'élimination des poussins. Ce spectacle risque de les perturber profondément.

Éleveuse

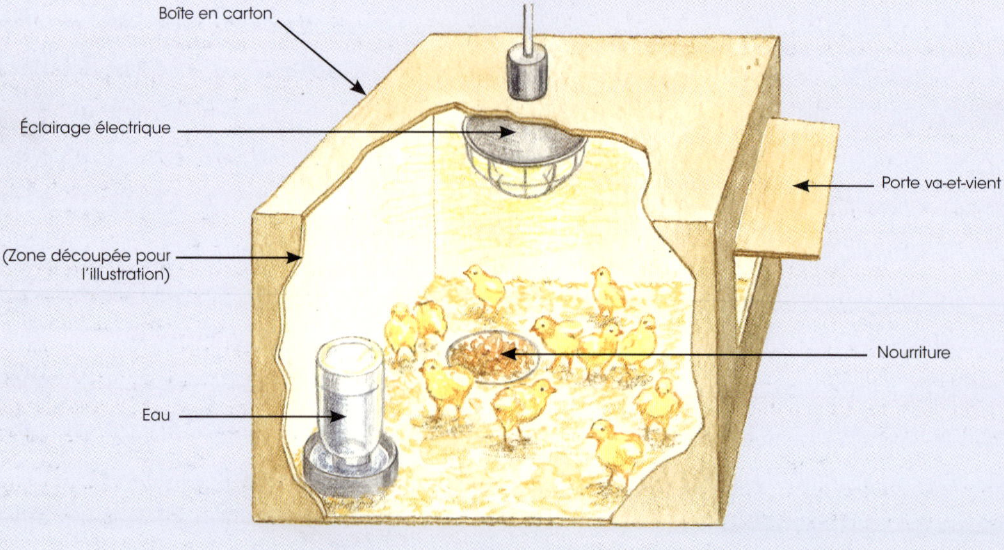

Éleveuse « haybox »

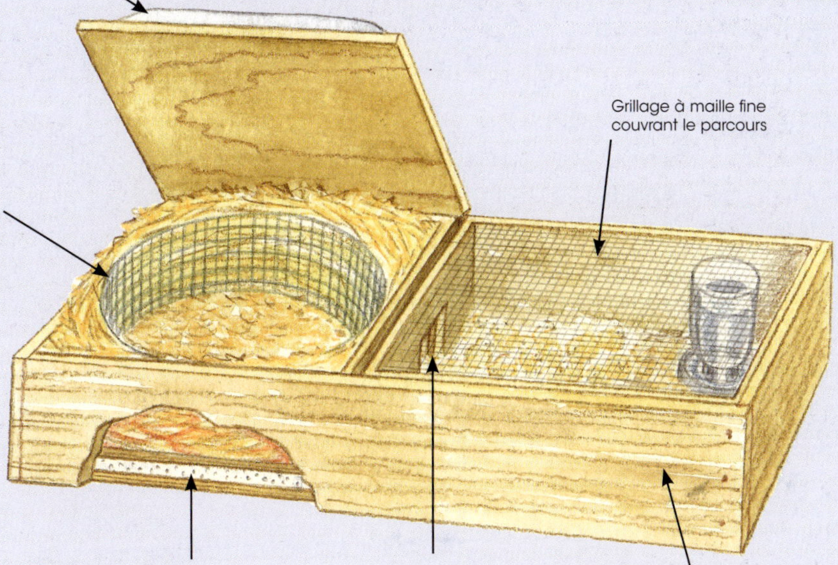

L'éleveuse

Si les poussins ne peuvent être pris en charge par une poule couveuse, une éleveuse est indispensable. Cette caisse sèche et chaude, qui les protège des prédateurs – parfois une grande et solide boîte en carton – confine les poussins et leur procure un abri sûr.

Pour fournir la chaleur, suspendez une ampoule au tungstène ou une lampe à infrarouges à 30 à 45 cm du plancher. Elles existent dans des puissances de 100 à 250 W ; une grande éleveuse exige une ampoule plus puissante.

Au démarrage, la température de l'éleveuse doit être maintenue à 35 °C. Quand les poussins commenceront à être vigoureux, au bout de 2 ou 3 jours, réduisez la chaleur de 1 ou 2 °C par semaine. Vous réglerez la température, à la hauteur des poussins, en baissant ou remontant la lampe. Vous pouvez également utiliser un réducteur de puissance pour diminuer l'émission de chaleur.

Observez attentivement les poussins pour savoir si la chaleur leur convient. S'ils s'éloignent de la lampe, ils ont trop chaud ; à l'inverse, s'ils se rassemblent en dessous, ils ont froid.

Les poussins doivent faire l'apprentissage de la nourriture et de la boisson. Si des miettes sont éparpillées sur le sol près de la mangeoire, ils auront vite l'instinct de picorer où se trouve la nourriture. Le régime alimentaire des poules est traité pages 34 et 35. Pour leur apprendre à boire, trempez le bec de chacun dans l'eau.

Continuez à réduire la chaleur jusqu'à ce qu'ils aient formé leur plumage ; ils pourront alors être transférés dans une éleveuse « haybox » (voir ci-dessus).

L'élevage par une poule couveuse

Si vous disposez d'une poule couveuse quand des poussins éclosent en incubateur, présentez-lui ces derniers. Elle doit toutefois couver depuis 2 semaines au moins.

Toutes les poules couveuses n'acceptent pas d'adopter une couvée. Si vous avez la chance de trouver une mère, cela vous évitera la peine de transférer les poussins dans une éleveuse et de les élever vous-même.

La meilleure mère de substitution pour des poussins d'un jour est une poule âgée de 2 ans ou plus. Dans la présentation des races de poules (voir pages 10 à 27), les races qui font de bonnes mères sont indiquées.

Il est préférable de présenter les poussins à la mère quand il fait sombre ; placez-les un par un derrière elle, de façon qu'elle ne les voie pas tout de suite. Il est possible qu'elle les rejette et les repousse à coups de patte. Si cela se produit, vous devez les placer en éleveuse (voir ci-contre et page 58) le plus tôt possible et avant qu'ils ne prennent froid.

Elle les acceptera cependant dans la plupart des cas et, si elle est d'une race lourde, en adoptera jusqu'à douze. Si elle glousse en réponse à leurs pépiements, la partie est gagnée. Elle déploie généralement ses ailes au-dessus de sa nouvelle famille. Éloignez-vous et laissez-les ensemble pendant quelques heures, mais vérifiez régulièrement qu'elle n'est pas revenue sur sa décision et n'a pas rejeté les poussins.

Protéger leur santé

Les problèmes sont-ils nombreux ?

Des parasites internes et externes aux maladies et aux troubles liés au stress, les problèmes potentiels sont multiples et divers. Dans tous les cas, une observation quotidienne et attentive des volailles est essentielle, ainsi qu'une réaction rapide si vous remarquez que quelque chose ne va pas. L'hygiène et une bonne alimentation contribuent à prévenir nombre de problèmes et les épidémies dans le poulailler.

LES SIGNES DE BONNE SANTÉ

Plusieurs indices vous renseignent sur la santé d'une poule.

Les signes comportementaux

- Elle se nourrit et s'abreuve normalement.
- Calme sans être silencieuse.
- Déplacements normaux.
- Prise de poids si elle est jeune (généralement jusqu'à l'âge de 18 semaines).
- Ponte normale – si elle en a l'âge.
- Lissage des plumes régulier.
- Tenue sur le perchoir stable et assurée.
- Affrontements ou combats simulés (chez les jeunes oiseaux).
- Bains de soleil ou de poussière.

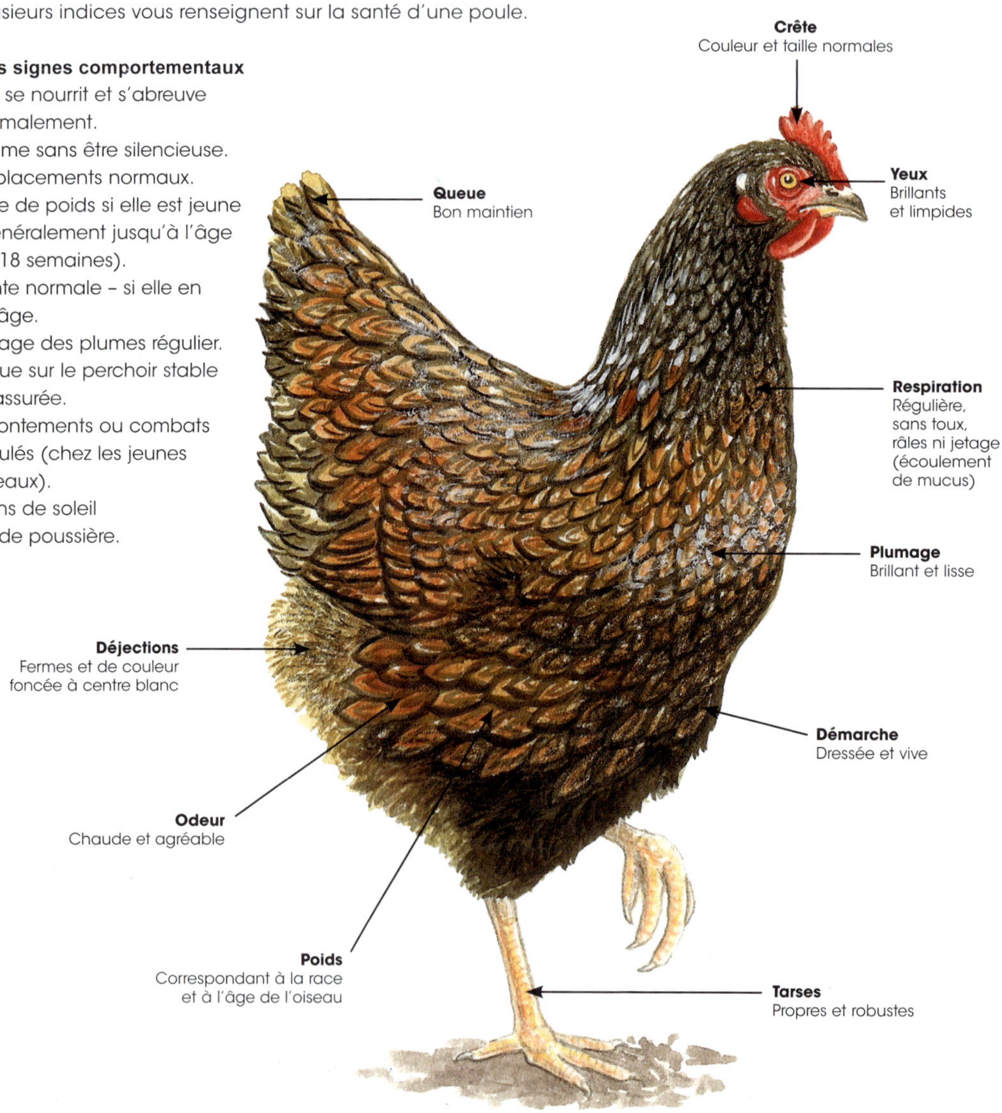

Les différents types de problèmes

Les problèmes sont classés en grands groupes, avec indication des pages où ils sont traités.

Parasites internes (voir pages 62 et 63)

- Hétérakidose
- Syngamose
- Ascaridiose
- Capillariose
- Coccidiose
- Acuariose du proventricule
- Cestodose (ou ténias)

Parasites externes (voir page 63)

- Puces
- Acariens
- Poux
- Tiques

Maladies (voir pages 64 et 65)

- Histomonose aviaire
- Choléra aviaire (ou pasteurellose)
- Maladie de Newcastle
- Influenza aviaire
- Maladie de Marek
- Variole aviaire

Pathologies diverses (voir pages 66 et 67)

- Abcès plantaire
- Cloacite
- Obstruction du jabot
- Ingestion des œufs
- Ponte interne
- Cannibalisme
- Crampes
- Picage
- Prolapsus

Troubles liés au stress (voir page 65)

Ils incluent de nombreux symptômes, dont les diarrhées, une respiration pénible et irrégulière, et des modifications du rythme normal d'activité. Ils exigent des soins immédiats quand ils sont constatés.

Maladies à déclarer

Les maladies réputées contagieuses (MRC) sont soumises à une déclaration obligatoire auprès des services vétérinaires dès qu'elles sont suspectées. Vous devez aussi isoler immédiatement les oiseaux malades de leurs congénères et maintenir à l'écart les autres animaux ainsi que les humains. En France, sont particulièrement surveillées :

- L'influenza aviaire (grippe aviaire) – voir page 64.
- La maladie de Newcastle (peste aviaire) – voir page 64.

Note : d'autres maladies sont à surveiller. Vous obtiendrez tous les renseignements auprès des services vétérinaires locaux.

Température corporelle

La température normale d'un poulet se situe entre 40 et 41,5 °C. Elle peut varier légèrement en fonction de l'environnement. Elle ne sort généralement pas de cette fourchette si la température ambiante reste inférieure de 10 °C environ à celle de l'animal. Néanmoins, la température d'une poule peut monter de façon spectaculaire par un été très chaud. Si elle atteint la zone mortelle de 45 à 47 °C, elle doit redescendre rapidement. Heureusement, les poules régulent leur température assez vite grâce à leur système respiratoire et à l'évaporation d'eau par la gorge (phénomène du halètement).

Il est essentiel que le poulailler soit bien ventilé et le toit isolé pour réfléchir la forte chaleur estivale. Leur enclos doit aussi être ombragé. Si la température des poules augmente trop, elles cessent de pondre et risquent même d'en mourir.

Prendre la température d'une poule

Autrefois, on introduisait un thermomètre dans le rectum de la poule pour prendre sa température. Il existe aujourd'hui des thermomètres à affichage numérique qui facilitent la lecture. Ils doivent toutefois être introduits dans le rectum.

La prévention des parasitoses et des maladies

Un mode d'élevage bien pensé contribue à prévenir l'apparition des problèmes. Voici quelques mesures de précaution utiles.

- Entretenir la propreté de l'aire de vie – il est moins coûteux de nettoyer fréquemment le poulailler que de régler de grosses factures de vétérinaire et de subir une chute de la production d'œufs.
- Fournir un régime alimentaire équilibré et adapté à l'âge des oiseaux (voir l'alimentation des adultes pages 34 et 35, l'alimentation des poussins page 53).
- Toujours conserver la nourriture des oiseaux dans un local propre, sec et protégé des nuisibles ; ne pas utiliser d'aliments ayant dépassé la date limite de consommation.
- Vérifier quotidiennement que l'eau est propre et n'est pas souillée par des déjections ou des matières organiques en décomposition.
- Même si les poules apprécient les restes de cuisine, ne leur donner rien de moisi ou pourri.
- Si un oiseau semble malade, commencer par l'isoler dans un enclos séparé, puis consulter immédiatement un vétérinaire.
- Ne pas entasser un grand nombre de poules sur une petite surface (voir l'espace nécessaire pages 32 et 33).

Les oiseaux sauvages

Les services vétérinaires signalent que certaines maladies sont transmises aux oiseaux domestiques par les oiseaux sauvages. Placez donc les mangeoires et abreuvoirs à l'intérieur du poulailler. S'ils se trouvent dans un parcours en plein air, veillez à ce qu'ils soient dotés d'un couvercle qui empêche les déjections d'oiseaux sauvages d'y tomber.

Si vous souhaitez fournir de l'eau fraîche aux oiseaux sauvages, placez un abreuvoir accessible pour eux, mais largement à l'écart de vos poules.

Les parasites

Que sont les parasites ?

Ces créatures tenaces et pernicieuses vivent dans l'organisme de la poule ou sur son corps, provoquant de fortes irritations, une faiblesse physique et une baisse de la ponte. Un traitement doit être administré dès que leur présence est constatée ; s'ils sont négligés, ils se multiplient vite et sont plus difficiles à éliminer. En fait, des traitements répétés sont souvent nécessaires pour en venir à bout. Soyez donc vigilant.

LES PARASITES INTERNES

Hétérakidose

Il existe plusieurs espèces de vers présents dans l'intestin, de couleur blanc-jaune à blanc et atteignant 18 mm de long. En fait, le ver hétérakis présent dans le caecum, est porteur de l'organisme responsable de l'histomonose (voir page 64). Les poulets élevés en plein air notamment en compagnie de dindes sont particulièrement exposés à cette affection qui pose des problèmes plus graves chez les dindes que chez les poulets.

- **Symptômes :** peu de problèmes chez les poules. Une attaque grave peut provoquer une inflammation du caecum ; les oiseaux sont faibles et se blottissent les uns contre les autres. Ils s'alimentent et boivent moins et, souvent, ont des diarrhées. Ils maigrissent, se déshydratent et produisent moins d'œufs.
- **Traitement :** consultez un vétérinaire et traitez avec un vermifuge.

Coccidiose

Le problème est provoqué par plusieurs espèces de coccidies (des organismes unicellulaires qui vivent dans les cellules des parois de l'intestin et finissent par les détruire). La maladie se transmet par les fientes.

- **Symptômes :** diarrhée liquide qui peut être sanguinolente. Les plumes sont ébouriffées et les oiseaux ont un aspect maladif. Ils perdent du poids et deviennent léthargiques.
- **Traitement :** consultez un vétérinaire, isolez l'oiseau et traitez avec un produit adapté. Les oiseaux élevés en plein air sont plus exposés. Une bonne hygiène est essentielle et le parcours des poulets doit être débarrassé des fientes. Si les oiseaux vivent dans un poulailler mobile, déplacez-le sur un terrain propre.

Syngamose

Cette maladie est provoquée par un ver appelé « ver fourchu » car il a une forme de Y et « ver rouge « car il est hémathophage, de 6 à 18 mm de long. On le rencontre chez les poulets, mais aussi chez les dindes, les faisans et autres volailles et gibiers à plume.

- **Symptômes :** les oiseaux « bâillent » - ils ouvrent le bec de façon répétitive, sans proférer le moindre son. Ils ont des difficultés à respirer, sont essouflés et lèvent la tête à la recherche d'air ; ils perdent l'appétit et s'affaiblissent.
- **Traitement :** consultez un vétérinaire, isolez l'oiseau et traitez avec un vermifuge. Les oiseaux élevés en plein air sont plus exposés que ceux retenus dans un enclos, car les vers de terre, les limaces et les escargots sont porteurs de ce parasite et peuvent réinfester les volailles.

Acuariose du proventricule

Surtout un problème chez les oies, mais qui peut atteindre les poulets élevés en leur compagnie. Ce ver parasite, fin et rougeâtre, de 12 à 25 mm de long, est véhiculé par des cloportes et les sauterelles ; les volailles élevées en plein air sont particulièrement exposées, surtout au printemps et en début d'été.

- **Symptômes :** les oiseaux maigrissent, s'affaiblissent et titubent. Les volailles adultes peuvent survivre à une infestation, mais les plus jeunes sont plus fragiles et demandent donc des soins immédiats.
- **Traitement :** la guérison exige un traitement à un stade précoce. Consultez un vétérinaire et ajoutez un vermifuge à l'eau de boisson. De plus, si possible, écartez les volailles du terrain contaminé et, le cas échéant, d'un bassin collectif.

Ascaridiose

Vers blanc-jaune, épais, ovales, qui atteignent 10 cm de long. On les trouve dans les déjections des oiseaux infestés. La majorité des oiseaux résistent à une infestation légère, mais si la colonie est trop nombreuse, la mort peut survenir.

- **Symptômes :** perte de vitalité, apathie, croissance ralentie et diarrhées. Les jeunes oiseaux dépérissent s'ils ne sont pas traités.
- **Traitement :** consultez un vétérinaire et administrez des comprimés ou ajoutez un vermifuge à l'eau de boisson. Maintenez les abreuvoirs et mangeoires propres, et évitez toute contamination par des fientes. Écartez les oiseaux du terrain contaminé ; les sauterelles et les vers de terre transmettent souvent ces vers.

Cestodose (ou ténias)

Il existe plusieurs espèces de ces parasites des intestins. Ils sont souvent plats et segmentés. Chaque segment produit des œufs qui, à maturité, infestent l'hôte ; c'est ainsi que ce parasite se répand. Certains cestodes atteignent 25 cm de long et passent par des hôtes intermédiaires comme les limaces, escargots et mouches. Une poule qui en avale un est bientôt contaminé.

- **Symptômes :** perte de poids rapide, léthargie et difficultés respiratoires.
- **Traitement :** les cestodes sont difficiles à éliminer quand ils sont installés dans l'intestin d'une poule. Consultez un vétérinaire et appliquez des traitements préventifs et curatifs. Les oiseaux élevés en plein air sont plus exposés que ceux retenus dans un enclos.

Capillariose

Vers minuscules appelés « capillaires » ; il existe plusieurs espèces qui affectent divers organes et provoquent des symptômes divers. Ils infestent pour la plupart la partie supérieure de l'intestin. Les petits œufs sont difficiles à identifier dans les fientes.

- **Symptômes :** affaiblissement général et diarrhées, notamment en cas d'infestation grave. Une infestation chronique peut finir par provoquer la mort.
- **Traitement** : consultez un vétérinaire dès que possible et entamez un traitement pour régler le problème.

S'INFORMER

Vous trouverez conseil auprès de clubs d'amateurs dans votre région et des informations sur Internet ; mais en cas de doute, consultez toujours un vétérinaire.

LES PARASITES EXTERNES

Puces

Bien connus, les insectes de ce groupe infestent les mammifères, des chiens et des chats aux humains, mais aussi les poules. Ils sont petits, sauteurs et dotés d'importantes pièces buccales destinées à percer la peau et sucer le sang. Les puces transmettent des maladies.

Symptômes : la succion du sang provoque des démangeaisons et, par conséquent, la nervosité de l'oiseau. On trouve souvent les puces en groupes sur la peau, cachées pour se protéger.

Traitement : dès que vous les avez repérées (cherchez-les si vos poules se grattent la peau du bec), appliquez une poudre anti-puces. Sortez les poules du poulailler, retirez toute la paille et la litière, puis lavez et désinfectez tout le local, y compris les pondoirs. Vaporisez un insecticide et remettez une litière propre. Examinez vos poules toutes les 2 ou 3 semaines pour vérifier que les puces ne sont pas de retour.

Poux

Les poux communs – longs de 3 mm et d'une couleur allant du blanc cassé au brun et gris foncé – se nourrissent des cellules mortes de la peau et des plumes, et provoquent irritation et inconfort chez l'oiseau. Plusieurs types de poux infestent les poules, certains sur le corps, d'autres sur la tête.

Symptômes : les poules infestées pondent peu et deviennent particulièrement sensibles aux maladies. Les ailes sont pendantes et les oiseaux sont somnolents.

Traitement : comme pour les puces et les acariens, sortez les poules du poulailler, saupoudrez-les de poudre insecticide et nettoyez le poulailler de fond en comble.

INSECTICIDES APPROPRIÉS

Vérifiez toujours que l'insecticide que vous employez est bien adapté aux volailles. Si vous avez un doute, interrogez un vétérinaire.

Tiques

Elles se cachent dans toutes les fentes et fissures du poulailler dans la journée, et infestent les volailles la nuit. Les tiques sont petites, coriaces et résistantes.

Symptômes : elles se fixent sur la peau sous les ailes ou autour de la tête, où elles sucent le sang et provoquent une anémie et une chute de la ponte. Les poules infestées sont très affaiblies. Les larves de tiques restent parfois accrochées aux oiseaux sur une longue période.

Traitement : sortez les poules du poulailler et nettoyez celui-ci au jet sous pression. Laissez sécher, puis aspergez de poudre insecticide. Appliquez également une poudre insecticide aux poules.

Acariens (ou poux rouges)

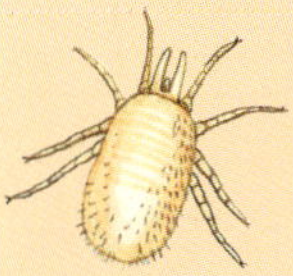

Ils sont encore plus nuisibles que les puces et certainement plus tenaces que les poux. Comme les puces, ils se nourrissent du sang des poules la nuit et se cachent sur les poules ou dans le poulailler dans la journée, où ils pondent des œufs qui sont à maturité au bout de 10 jours. Les interstices et les recoins les attirent particulièrement ; ils peuvent vivre plusieurs mois dans un poulailler, même vidé de ses poules. Ces acariens ressemblent à de minuscules araignées, quasiment invisibles.

Symptômes : ils provoquent de fortes irritations et peuvent entraîner une anémie et la mort.

Traitement : sortez les poules du poulailler et appliquez un traitement chimique approprié, adapté aux volailles. Un jet d'eau sous pression les délogera ; quand tout sera sec, vaporisez ou saupoudrez d'insecticide.

Les maladies

Sont-elles nombreuses ?

Plusieurs maladies peuvent avoir des conséquences graves et deux sont soumises à une déclaration obligatoire (la grippe et la peste aviaires). Outre celles qui sont présentées ici, il en existe beaucoup d'autres ; il est parfois difficile de les identifier au stade initial, car plusieurs maladies provoquent des symptômes identiques. Il est impératif de consulter un vétérinaire si vous avez le moindre doute sur la santé de vos poules.

Histomonose aviaire

Également appelée « maladie de la tête noire » et frappant le plus souvent les dindons, on la rencontre aussi chez les poulets, ainsi que chez les cailles, pintades, coqs de bruyère et perdrix. Elle est provoquée par un protozoaire transmis par les déjections d'un oiseau infesté ou par les œufs d'hétérakis (voir page 62). Les œufs survivent dans le sol pendant plusieurs mois et sont alors souvent ingérés par un oiseau.

- **Symptômes :** cyanose des chairs de la tête, d'où le nom de « maladie de la tête noire ». Autres symptômes : somnolence, ailes pendantes, démarche raide, tête basse et yeux fermés.
- **Traitement :** maladie souvent fatale aux dindons jusqu'à l'âge de 12 mois. Isolez les dindons des poulets pour limiter le risque d'infection. Changez régulièrement la litière et ajoutez des vermifuges dans les aliments et l'eau de boisson. Consultez un vétérinaire.

Influenza aviaire

Communément appelée « grippe aviaire », elle est soumise à une déclaration obligatoire (voir page 61). Toutes les volailles peuvent être touchées, mais les poules et les dindons sont particulièrement exposés. Elle peut être transmise par les oiseaux sauvages.

- **Symptômes :** ils varient selon l'âge et l'espèce de volaille, mais les signes habituels sont la dépression et la prostration, l'arrêt soudain de la ponte, la perte d'appétit, la diarrhée, les écoulements nasaux teintés de sang, la détresse respiratoire, l'œdème de la tête, de la crête et des caroncules (petites excroissances du bec), et un manque de coordination dans la marche et la posture debout.
- **Traitement :** au premier signe de maladie, contactez les services vétérinaires. Isolez l'oiseau atteint et assurez-vous que personne ne quitte ou ne pénètre dans les locaux sans votre autorisation.

Choléra aviaire (ou pasteurellose)

Maladie des poulets, ainsi que des dindons, canards et oies. Elle est extrêmement contagieuse et peut être mortelle si elle n'est pas traitée rapidement ; en forme suraiguë, une poule qui semble parfaitement saine un jour peut être retrouvée morte le lendemain.

- **Symptômes :** diarrhée blanc verdâtre, plumes ébouriffées, toux, pépie, articulations gonflées, boîtement, perte d'appétit et écoulements nasaux ne sont que quelques-uns des symptômes.
- **Traitement :** isolez immédiatement les oiseaux atteints et consultez un vétérinaire, car les oiseaux infectés doivent être abattus et détruits selon la réglementation sanitaire ; ne les enterrez pas vous-même. Il existe des traitements préventifs à ajouter à l'eau de boisson.

Maladie de Marek

Maladie extrêmement contagieuse qui aboutit généralement à la mort de l'oiseau s'il n'a pas été vacciné dans les jours suivant l'éclosion ; l'immunité se développe en 2 semaines.

- **Symptômes :** les symptômes apparaissent généralement chez les poussins de 4 à 8 semaines – paralysie des ailes, du cou et des pattes, et perte de poids. Les oiseaux ont généralement une position caractéristique de « grand écart » (une patte en avant et l'autre en arrière) et la paralysie est progressive. La vue est également affectée – les iris sont gris et les pupilles irrégulières.
- **Traitement :** il n'y a rien à tenter après l'apparition de la maladie. Vaccinez les poussins. Des recherches sont en cours sur des races résistantes, mais c'est pour l'avenir.

Maladie de Newcastle

Parfois appelée « peste aviaire », elle est soumise à une déclaration obligatoire (voir page 61) dans de nombreux pays. Cette maladie virale est très contagieuse et meurtrière, notamment chez les jeunes oiseaux dans les grands élevages industriels. Elle peut affecter les oiseaux subitement, sans signes précurseurs, et atteint de nombreuses espèces, dont les dindons.

- **Symptômes :** éternuements, difficultés respiratoires, apathie, arrêt de la ponte, mais aussi diarrhées vertes, œufs difformes ou à coquille molle, avec des troubles nerveux tels que des tremblements ou des spasmes.
- **Traitement :** il n'y a pas de traitement quand la maladie est déclarée. Contactez immédiatement les services vétérinaires et ne déplacez pas les oiseaux. Isolez les poules et assurez-vous que personne ne quitte ou ne pénètre dans les locaux sans votre autorisation.

Variole aviaire

Le même virus variolique provoque trois formes de la maladie : forme cutanée sèche (variole), forme aiguë (coryza variolique) et forme « humide » (diphtérie). Toutes les formes sont contagieuses.

- **Symptômes :** la forme diphtérique se manifeste par l'apparition de points blancs dans la cavité buccale qui grossissent, s'assemblent et forment une membrane. L'oiseau meurt d'inanition ou d'asphyxie. Le coryza donne les signes d'un coryza banal et guérit. La forme cutanée provoque des protubérances blanches dans la région de la tête qui se transforment en croûtes. La guérison est spontanée.

- **Traitement :** un traitement par antibiotique est possible ; un complément en vitamine A est indispensable. Si possible, isolez les oiseaux atteints. Dans les cas graves, consultez un vétérinaire.

TROUBLES LIÉS AU STRESS

Les poules apprécient une routine sereine, reposante et immuable, avec une alimentation fournie à heures fixes par la même personne. Les volailles soumises à un stress sont plus sujettes à la maladie et à une chute de ponte.

Signes de stress

- Diarrhées.
- Respiration pénible et irrégulière.
- Modification du rythme normal d'activité.

Mesures préventives

- Manipulez les poules délicatement, mais avec fermeté.
- N'entassez pas un nombre excessif de poules dans un poulailler.
- Assurez-leur une alimentation correcte et un nombre de mangeoires et d'abreuvoirs suffisant pour qu'elles puissent y avoir accès toutes en même temps ; cela évite les rivalités.
- Évitez les bruits violents – des éleveurs passent de la musique apaisante à leurs poules, mais sans trop de décibels.
- Évitez de vous déplacer avec brusquerie parmi elles.
- Vérifiez que la température n'est pas trop élevée et, au besoin, tendez une toile au-dessus d'un coin du parcours. Voir page 61 les recommandations de température pour les poules.

Les poules ont normalement un tempérament sociable et apprennent vite à vivre en harmonie avec les animaux domestiques – même avec les abeilles.

La ponte est optimale quand les poules vivent dans le calme, à un rythme régulier et immuable.

Pathologies diverses

Quels sont les autres problèmes ?

Il s'agit de problèmes qui ne sont normalement pas provoqués par des parasites ou des maladies. Des troubles tels que l'obstruction du jabot, la ponte interne ou le picage peuvent généralement être traités par l'éleveur, sans médication. Néanmoins, si vous avez des doutes sur un problème, consultez un vétérinaire le plus tôt possible. Ayez un regard vigilant pour réduire le stress des poules et ainsi faire des économies.

Abcès plantaire

L'oiseau boitille en suivant ses congénères qui se déplacent normalement.

- **Symptômes :** généralement, l'abcès est dû à une coupure ou une épine ; la blessure a cicatrisé en surface, mais s'est infectée en profondeur. L'abcès est douloureux et empêche l'oiseau de marcher normalement.
- **Traitement :** incisez la zone affectée avec un scalpel stérilisé et faites sortir le pus ; veillez à retirer le corps étranger au besoin. Puis appliquez un antiseptique. Placez l'oiseau dans un enclos propre et sec jusqu'à cicatrisation de la blessure, généralement en 2 ou 3 jours.

Cannibalisme

Il arrive qu'un oiseau attaque du bec, arrache et dévore la peau et les tissus d'un autre oiseau du groupe. Cela se produit dans tous les types d'élevage, y compris en plein air. On rencontre ce type de comportement chez les canards, les dindons, les cailles comme chez les poules. La cause principale est la surpopulation ou l'insuffisance de la nourriture. Cela peut également arriver quand la hiérarchie n'est pas encore établie ou lors de l'introduction d'un nouvel oiseau.

- **Symptômes :** le processus commence souvent par le picage (voir page 67), généralement sur le corps, qui se poursuit sur les doigts, la queue et le croupion d'une poule.
- **Traitement :** il est beaucoup plus facile de prévenir le cannibalisme que de l'enrayer. Donnez toujours une alimentation et un espace suffisants. Veillez aussi à fournir un nombre de mangeoires et d'abreuvoirs suffisant pour que toutes les poules puissent y avoir accès en même temps. Un changement de régime alimentaire pour une nourriture moins savoureuse peut aussi provoquer ce comportement. Les oiseaux en déficit de poids sont parfois en péril ; placez les sujets vulnérables dans un enclos séparé. Une taille de bec peut être envisagée.

Cloacite

Elle se signale par un écoulement de liquide laiteux par le cloaque. C'est une maladie infectieuse très contagieuse. Isolez immédiatement les oiseaux atteints et, de préférence, consultez un vétérinaire. Généralement, l'oiseau malade est abattu. Ne nourrissez pas les poussins d'œufs pondus par des poules infectées.

Ponte interne

C'est plus grave que la rétention d'œuf (voir page 67) ; l'œuf reste bloqué et provoque une infection qui déclenche une péritonite. Il n'y a pas grand-chose à faire si ce n'est d'abréger les souffrances de l'oiseau.

Crampes

Elles affectent les canards et les oies plus que les poules et sont liées à une circulation sanguine imparfaite et aggravées par le froid et l'humidité du sol.

- **Symptômes :** l'oiseau s'accroupit subitement, les doigts contractés.
- **Traitement :** fournissez un environnement sec pour les pattes. Une couche de paille réduit l'humidité et maintient les pattes au chaud. Si possible, isolez l'oiseau dans un enclos calme, sec et chaud.

Le problème est accentué par une carence en calcium ou en vitamine D ; ajoutez des suppléments dans les aliments.

Obstruction du jabot

L'obstruction est souvent provoquée par des aliments qui ont du mal à passer, comme des brins d'herbe longs qui se sont enroulés en boule – tondez l'herbe courte tout l'été si les poules sont en liberté. De temps à autre, une poule avale un morceau de ficelle – ne laissez rien traîner sur le parcours des poules.

- **Symptômes :** le jabot est visiblement distendu par les aliments et l'oiseau ne se nourrit pas normalement.
- **Traitement :** faites boire de l'eau tiède à la poule ; cela détendra les aliments et vous pourrez essayer de les faire passer par un massage délicat. Autrement, tenez la poule tête en bas et appuyez doucement sur le jabot. Puis laissez-la boire à volonté, mais ne lui donnez pas d'aliments solides pendant 24 heures.

Rétention d'œuf

Un oviducte (long conduit où se forme l'œuf et qui dirige celui-ci vers le cloaque) trop étroit est la cause de ce problème. Les poulettes qui pondent pour la première fois y sont particulièrement sujettes. Cela peut aussi se produire quand un œuf se casse dans l'oviducte et ne glisse pas dans le conduit.

- **Symptômes :** la poule n'arrive pas à pondre malgré ses efforts.
- **Traitement :** asseyez la poule dans une baignoire d'eau tiède savonneuse pendant 30 minutes. Donnez-lui de l'huile d'olive et placez-la dans une caisse garnie de paille, dans un endroit calme. Au bout de quelques heures, elle devrait arriver à expulser l'œuf.

Par ailleurs, lors de la première ponte, il arrive que les poules produisent des œufs longs et étroits, parfois tachés de sang. Le problème se règle généralement au bout de 1 ou 2 semaines.

Ingestion des œufs

Ce comportement commence souvent accidentellement, quand l'œuf qui vient d'être pondu tombe sur le sol et se brise. La poule est d'un naturel curieux et s'empresse de goûter ; généralement, elle apprécie. Elle commence alors à casser ses propres œufs fraîchement pondus. Le déclencheur peut également être la ponte d'un œuf sans coquille. Les pondoirs trop éclairés et exposés directement au soleil provoquent parfois ce problème.

- **Symptômes :** cela se produit généralement par accident quand un œuf se casse, mais il arrive que des poules en surnombre dans un local commencent à manger les œufs pour tromper leur ennui.
- **Traitement :** procurez beaucoup d'espaces à vos poules et essayez de les occuper, pour éviter l'ennui ; suspendez des bottes de verdure dans leur enclos pour attirer leur attention. Un régime alimentaire trop pauvre en calcium peut inciter les poules adultes à casser les œufs et à les manger ; ajoutez des compléments alimentaires au besoin.

Picage

Le picage se rencontre chez les poules confinées. Le surpeuplement et un régime alimentaire médiocre sont les principales causes de ce comportement. Il peut aussi être provoqué par l'oisiveté.

- **Symptômes :** les plumes sont arrachées principalement sur le croupion, le dos et la queue. Le problème peut devenir grave et aller jusqu'au cannibalisme (voir page 66), notamment si la chair est à vif et saigne.
- **Traitement :** isolez les oiseaux blessés. Suspendez des bottes de verdure dans l'enclos et augmentez les rations alimentaires. Si le problème persiste, une taille de bec peut être envisagée.

Prolapsus

Le retournement de l'oviducte se produit après la seconde saison de ponte et une partie de l'organe sort par le cloaque. Il peut être provoqué par la ponte de gros œufs ou par des efforts excessifs pour évacuer les œufs. Les poules en surpoids sont particulièrement sujettes à ce problème.

- **Symptômes :** une partie de l'oviducte dépasse du cloaque.
- **Traitement :** le problème doit être traité rapidement, car il peut mener au cannibalisme de la part des congénères. Le confort de l'oiseau doit aussi être restauré.
  Soutenez la poule tête en bas et nettoyez délicatement la zone à l'eau tiède. Puis appliquez de l'huile d'olive et réintroduisez l'organe dans l'orifice à l'aide d'un doigt. Placez la poule dans une caisse douillette pendant une semaine environ et isolez-la dans un endroit tranquille et légèrement ombragé. Ne la nourrissez pas trop pendant cette période, mais donnez-lui beaucoup d'eau. Si le problème persiste, répétez le traitement, à plusieurs reprises si nécessaire.

Prédateurs

- **Chats :** les chats domestiques vivent généralement en bonne entente avec les poules, mais il faut surveiller les chats sauvages.
- **Chiens :** une fois les poules identifiées comme nouvelles locataires, la majorité des chiens n'y prête plus attention.
- **Renards :** la menace est permanente et seules des clôtures solides les tiennent à l'écart.

- **Souris :** elles menacent davantage les réserves d'aliments que les poules.
- **Rats :** ces nuisibles envahissants attaquent les poussins et les poules. Vérifiez régulièrement toutes les clôtures.

Élever des canards

Cela vaut-il la peine d'élever des canards ?

Le canard est plus facile à élever que la poule et il est moins sujet aux maladies. Des races comme le Campbell kaki produisent davantage d'œufs que les poules (et plus gros) – jusqu'à 300 œufs par an. L'indice de conversion des aliments en poids de chair est plus élevé chez le canard que chez la plupart des poules ; en 10 semaines, un canard Aylesbury peut atteindre au moins 2,3 kg. Le canard est donc une bonne alternative à la poule.

Les canards sont pleins de suffisance et ont du caractère ; ils sont toujours amusants. Ils pondent aussi des œufs superbes.

Le mot juste

Les mâles sont des canards et les femelles des canes.

Les canards domestiques

Ce sont des races sélectionnées pour leurs capacités à pondre des œufs, produire une chair comestible, ou les deux. Vous avez le choix entre de nombreuses races dont quelques-unes sont présentées page ci-contre.

Les canards d'ornement

Ce sont des races sélectionnées pour leurs qualités esthétiques, dont les Mandarins, canards à faucilles, sarcelles et pilets. Il en existe beaucoup d'autres et tous offrent un spectacle charmant, notamment sur un bassin.

Quelle est leur longévité ?

La durée de vie moyenne d'un canard est de 5 ans, mais certains atteignent 10 ans. La ponte diminue progressivement et il arrive toujours un moment où il n'est plus rentable de les conserver. La ponte diminue parfois de 25 % la seconde année de ponte et dans la même proportion l'année suivante.

Conviennent-ils à un petit jardin ou une cour ?

Il est difficile de les élever dans un petit espace – surtout en zone urbanisée – car leurs cancanements irriteront les voisins. Par ailleurs, ils sont assez salissants et, dans un petit enclos, ils créent rapidement un bourbier par temps humide. En revanche, ils seront parfaits dans un grand jardin à la campagne, surtout s'ils peuvent se promener dans un champ ou une prairie d'herbes robustes. Si vous les laissez déambuler dans une zone cultivée, leurs pattes palmées détruiront rapidement les plantes.

Porter un canard

Il est essentiel de le tenir fermement pour qu'il se sente en sécurité. Posez-le sur votre avant-bras et immobilisez ses pattes en veillant à ne pas lui faire mal. Une main posée sur son dos le détendra et l'assurera de ne pas tomber. Reposez-le toujours avec délicatesse et ne le lâchez pas tant que ses pattes ne sont pas stables sur le sol. Ne laissez pas tomber un canard.

RACES DE CANARDS DOMESTIQUES

Aylesbury

Race d'un blanc pur lustré, originaire de la vallée d'Aylesbury, en Grande-Bretagne. Il atteint une taille et un poids conséquents assez jeune ; la chair est abondante et savoureuse.

Œufs : blancs ; 80 à 100 par an.

Poids : cane, 4 kg ; canard, jusqu'à 4,5 kg.

Coureur indien

Le port très vertical de ce canard est caractéristique et il a longtemps été l'une des races les plus populaires. Il existe plusieurs variétés de coloris : noir, blanc, fauve et blanc, fauve et chocolat. Il est originaire d'Inde et a été introduit en Grande-Bretagne il y a un siècle environ. Très rustique.

Œufs : blancs ; 180 par an.

Poids : cane, 1,8 kg ; canard, 1,8 kg.

Campbell kaki

Né en 1901 d'un croisement entre un Coureur indien et un canard colvert sauvage ; plus tard, du sang de canard de Rouen fut introduit. Bien que pondeuses prolifiques, les canes ne sont pas de bonnes mères et leur chair est filandreuse. Les mâles adultes ont la tête verte et le reste du corps bronzé.

Œufs : blancs ; 300 par an.

Poids : cane, 2 kg ; canard, 2,3 kg.

Orpington

Race à deux fins issue d'un croisement de Coureur indien et d'Aylesbury. Il est lourd et volumineux, de couleur fauve, et idéal dans un espace limité. Les canetons peuvent être consommés à partir de 8 à 10 semaines.

Œufs : blancs ; 230 à 240 par an.

Poids : cane, 3,2 kg ; canard, 3,2 kg.

Pékin

Importé en Grande-Bretagne dans les années 1870, c'est une excellente race de chair ainsi que de ponte. Il est parfois croisé avec un mâle Aylesbury pour produire une excellente race à deux fins. Le Pékin est rustique et excelle à chercher sa nourriture.

Œufs : bleus ; 120 par an.

Poids : cane, 3,6 kg ; canard, 4 kg.

Canard de Rouen

Race rustique originaire de Rouen, recherchée pour sa viande. Il descend du colvert et présente les mêmes coloris ; en été, la tête du mâle est vert bouteille et la poitrine marquée de brun rougeâtre. Il est souvent classé dans les canards d'ornement pour la beauté de son plumage.

Œufs : bleu verdâtre ; 90 par an.

Poids : cane, 4,5 kg ; canard, 5,4 kg.

Loger et soigner des canards

Exigent-ils un abri spécial ?

Que vous l'achetiez tout fait, le fabriquiez vous-même ou adaptiez un abri existant, le logement des canards doit être sec, bien aéré, abrité des courants d'air et protégé des nuisibles. On considère généralement que ces animaux sont rustiques et aptes à survivre presque totalement en plein air, mais il est incontestable qu'un habitat correct donne de meilleurs résultats.

Les canards sont des «tondeuses à gazon» efficaces et il suffit de trois individus pour raser l'herbe sur 0,4 hectare.

Quel est l'espace nécessaire à un canard ?

Un abri doit fournir une surface de 0,35 à 0,45 m² par canard. Contrairement aux poules, les canards ne se perchent pas ; il leur faut une litière sèche composée de paille hachée, de tourbe sèche ou de sciure.

Les systèmes d'élevage

Différents systèmes existent, certains adaptés aux grands terrains, d'autres à des fins commerciales et d'autres encore pour les petits terrains et les jardins.

- **En plein air :** à grande échelle, cet élevage exige une surface de 0,4 hectare pour 100 canards.
- **Système hollandais :** commercial, enclos longé d'un côté par un cours d'eau ou une canalisation.
- **Sur paille :** commercial, avec fourniture régulière et abondante de balles de paille.
- **Sur grillage :** intensif, sur caillebotis en grillage. Il est condamné par les défenseurs du bien-être animal.
- **En petit abri :** la méthode employée par les éleveurs amateurs, avec un abri acheté ou fabriqué (voir ci-dessous).

UN PETIT ABRI À CANARDS

Qu'il s'agisse d'une ancienne remise modifiée ou d'une construction, plusieurs éléments sont fondamentaux.

Le sol : le béton procure un sol inattaquable par les prédateurs mais froid, surtout en hiver. Le pisé est une solution, à condition d'ajouter une sous-couche de grillage à très petites mailles pour empêcher les rats de creuser et de pénétrer dans l'abri. Un plancher à claire-voie, surélevé de 5 cm, est souvent recommandé, mais complique le nettoyage. Il exige également une protection contre les rats.

La ventilation : il est indispensable que l'air circule dans l'abri. Un écran grillagé, en haut de l'abri, permet l'entrée et l'évacuation de l'air.

Les portes et fenêtres : de robustes portes à loquet empêchent les canards de s'échapper. La fenêtre à charnières doit résister aux prédateurs.

Les pondoirs

Garnissez-les de paille et posez-les sur le sol de l'abri ; maintenez-les en place avec des briques ou de gros morceaux de bois.

Prendre soin des canards

Tous les matins :

- Ramassez les œufs.
- Aérez la litière au râteau ; dès qu'elle est humide et souillée, renouvelez-la. Les canards sont sujets aux rhumatismes et seront réticents à entrer dans un abri sale et humide pour dormir. En règle générale, retirez complètement la litière et nettoyez l'abri toutes les semaines. Toutefois, des éleveurs optent pour un système de litière profonde, c'est-à-dire une litière épaisse dont on refait la couche supérieure tous les 2 ou 3 jours et qu'on remplace complètement tous les 6 mois.
- Remplissez les abreuvoirs d'eau pure, propre.
- Vérifiez que des graviers sont à disposition.

Le fumier de canard dans le jardin

Vous pouvez l'utiliser, mais pas immédiatement. Les déjections sont riches en substances chimiques ; mieux vaut les ajouter au compost et les enfouir ultérieurement quand elles sont décomposées avec les autres matériaux organiques.

Nourrir les canards

- Ils consomment environ 25 % d'aliments de plus que les poules.
- Chaque canard demande 200 à 225 g de nourriture par jour, la moitié fournie le matin et la moitié en début de soirée, avant le coucher. Si les canes ne pondent pas normalement, augmentez légèrement la dose de nourriture.
- Les canards élevés en plein air trouvent leur nourriture dans l'herbe et le sol, dont des limaces et des insectes, mais cela ne suffit pas pour une ponte abondante.
- Jusqu'aux trois quarts de la ration quotidienne peuvent être constitués de légumes cuits, dont des pommes de terre, des rutabagas et des carottes. Mélangez-les avec de l'eau et de la pâtée sèche pour obtenir une mixture humide, mais un peu ferme – elle ne doit pas être liquide.

Un plan d'eau est-il nécessaire ?

Si vous élevez des canards pour leurs œufs et/ou pour leur chair, une pièce d'eau où ils peuvent nager n'est pas indispensable. Par contre, si vous souhaitez qu'ils se reproduisent, elle est nécessaire à l'accouplement. C'est particulièrement vrai pour les races lourdes dont le mâle a besoin de la poussée de l'eau pour monter la cane.

Même si un étang n'est pas nécessaire, un grand bac ou une auge emplie d'eau permettra aux canards d'y plonger la tête ; c'est essentiel pour éviter des problèmes nasaux et oculaires. Ils apprécient également de s'asperger les plumes d'eau.

Les canards ont-ils besoin d'ombre ?

Il est essentiel qu'ils jouissent d'une protection contre le soleil violent et direct au plus chaud de l'été ; elle est généralement fournie par les arbres et les arbustes. La nuit, et jusqu'en milieu de matinée, les canards séjourneront dans leur abri. Ensuite, et selon le mode d'élevage, ils iront se promener parmi les buissons et les arbres.

Souffrent-ils des vents violents ?

Les canards détestent les vents froids et violents qui peuvent provoquer une chute de ponte de 30 %. Orientez leur abri à l'est et installez un parcours enclos de grillage sur le côté chaud. Les canards doivent être enfermés la nuit et jusqu'à 10 heures pour garantir la ponte à l'intérieur de l'abri plutôt que parmi les buissons où les œufs sont difficiles à retrouver.

Faut-il tailler les ailes ?

Si les canards sont élevés en enclos, les ailes doivent être taillées. Rappelez-vous toutefois que les races lourdes, comme l'Aylesbury, sont généralement incapables de voler. La taille doit être réalisée pendant les 10 premiers jours du caneton ; elle se limite à couper les derniers 12 mm de l'extrémité d'une aile. Chez les oiseaux adultes, on peut couper les derniers 6 cm des rémiges primaires.

Les opinions divergent sur la coupe des plumes. Pour être sûr de ne pas nuire à l'oiseau, prenez conseil auprès d'un éleveur professionnel.

Spectacle charmant des canards s'éclaboussant dans un grand bac d'eau, tout excités et absorbés dans leurs jeux aquatiques – démonstration de l'expression « comme un canard dans l'eau ». Un étang n'est pas un besoin vital, mais l'accès à un point d'eau l'est.

Élever des cailles

Qu'est-ce qu'une caille ?

Les cailles sont de la même famille que les faisans et classées dans le gibier à plume. Comme les faisans, elles volent et certaines espèces sont migratrices. Il existe plus de cent races de cailles, la plupart présente en Amérique du Nord et en Asie. On peut donc les classer en types de l'Ancien Monde et du Nouveau Monde. La majorité des cailles domestiquées sont issues d'espèces asiatiques, notamment de variétés japonaises.

LES VARIÉTÉS POPULAIRES

Caille du Japon

La caille du Japon *(Coturnix japonica)* est probablement la variété la plus communément élevée. Il est fréquent qu'elle ponde 300 œufs par an. À l'âge de 6 semaines, elle pèse entre 140 et 170 g, et elle est bonne pour la cocotte. Les femelles pondent dès 6 semaines.

Colin de Virginie

Colinus virginianus est élevé en Amérique du Nord, essentiellement pour sa chair. Les autres cailles répandues en Amérique du Nord comprennent le Colin des montagnes, qui fréquente les montagnes arides et le Colin de Gambel.

Les zones rurales, couvertes d'arbres et de buissons, sont idéales pour l'élevage des cailles qui peuvent y suivre leurs penchants naturels.

Élever des cailles

L'idéal pour l'élevage des cailles est un environnement propre au « gibier », composé de champs, de buissons et d'arbres. Elles exigent néanmoins une protection contre le vent et la pluie, et de l'ombre quand le soleil est ardent. Elles sont souvent élevées en cages, dans des banlieues, entassées à quarante dans de petits espaces ; ces élevages ont un relent d'élevage « en batterie » qui doit être évité à tout prix.

Nourriture et boisson

Les cailles se nourrissent naturellement d'insectes et de graines, nichent sur le sol et recherchent des coins tranquilles où se cacher. Cependant, dès qu'elles en ont l'âge, elles s'envolent immédiatement et se heurtent parfois contre les arbres. La taille des ailes (voir page 71) remédie à ce problème et permet de les maintenir dans un espace plus restreint.

Élever des pintades

Qu'est-ce qu'une pintade ?

Originaire d'Afrique mais largement domestiquée, la pintade est un oiseau qui ressemble à la perdrix et niche au sol. La tête est dénuée de plumes. On l'élève pour sa chair et ses œufs. Ces oiseaux peuvent être bruyants et très gênants pour le voisinage quand ils perturbés et effrayés. Leurs cris perçants, sur deux tons pour la femelle et un ton pour le mâle, leur valent une réputation de bons chiens de garde.

Le mot juste

Le mâle et la femelle portent le nom de pintade et le petit est un pintadeau.

Loger une pintade

La pintade est moins aventureuse que la caille et plus facile à élever dans un enclos, du même type que les poulaillers avec parcours. Chacune a besoin d'un espace de 18 à 20 cm sur le perchoir et de 0,20 m² au sol.

La couleur de la chair

La majorité des pintades a une chair noire, mais la viande des variétés blanches est également blanche.

La pintade, entourée de sa couvée aime fouiller le sol en quête de graines et y met une grande concentration.

LES COULEURS DE PINTADES

- **Bleu clair :** bleu clair uni, sans perlure ni stries d'une autre couleur.
- **Chamois :** base chamois, à perlures blanches régulières.
- **Chocolat :** beau brun foncé, très original, avec quelques perlures et stries dans la région des flancs.
- **Gris perle :** gris foncé à perlures blanches.
- **Lavande :** bleu clair pastel, à perlures blanches.
- **Lilas :** gris bleu très clair, lilas sur le poitrail et le cou.
- **Violet :** violet uni très foncé.

Pintade blanche

Glossaire

Abattage sélectif Tri et abattage des oiseaux infirmes, vieillissants ou en surplus.

Abcès plantaire Problème courant chez les poules (voir page 66).

Acariens (ou poux rouges) Parasites externes de la poule (voir page 63).

Acuariose du proventricule Parasitose interne de la poule (voir page 62).

À deux fins Qualifie une race prisée tant pour ses qualités de ponte que pour la finesse de sa chair (voir page 8 les races concernées).

Aérobie Se dit des micro-organismes qui ont besoin d'oxygène pour se développer et se multiplier.

Albumen Blanc de l'œuf, qui entoure le jaune.

Alektorophobie Phobie des poulets

Aminoacides (ou acides aminés) forme sous laquelle les protéines sont absorbées par le sang.

Anaérobie Se dit des micro-organismes qui n'ont pas besoin d'oxygène pour se développer et se multiplier.

Anneau de sang Visible au mirage, il indique la mort précoce de l'embryon.

Araucana Race de poules originaire d'Amérique du Sud (voir page 10).

Arche Petit poulailler portable, adapté à un petit nombre d'oiseaux et facile à déplacer d'un endroit à un autre.

Ascaridiose Parasitose interne de la poule (voir page 62).

Australorp Race de poules (voir page 11).

Autosexable Se dit d'une race chez laquelle le sexe (mâle ou femelle) peut être déterminé dès les premiers jours du poussin.

Bain de poussière Creux dans le sol ou bac empli de terre sèche, de sable ou de sciure, où les poules nettoient leurs plumes et en chassent les parasites.

Barbe Touffe de plumes sous la gorge chez certaines races comme la Faverolles.

Barbillons Appendices pendant de chaque côté du bec, généralement plus importants chez le coq que chez la poule.

Barnevelder Race de poules (voir page 11).

Barré Se dit d'un plumage dont chaque plume est barrée d'une alternance de bandes claires et foncées. Certaines races, comme la Plymouth Rock barrée, présentent cette caractéristique.

Batterie Mode d'élevage intensif, souvent en cages grillagées.

Bec Partie cornée et saillante de la bouche, formée de deux mandibules, supérieure et inférieure.

Belge Catégorie de poules naines (voir page 26).

Black Rock Race de poules (voir page 11).

Brahma blanche herminée noir Race de poules (voir page 12).

Brahma perdrix maillé doré Race de poules (voir page 12).

Bréchet Crête saillante sur le sternum.

Calibrer Classer les œufs selon leur taille.

Camail Plumes du cou et de la poitrine du coq.

Cane Femelle du canard.

Cannibalisme Comportement agressif consistant à piquer et à manger la chair d'une autre poule (voir page 66).

Capillariose Parasitose interne de la poule (voir page 63).

Caroncule Excroissance charnue qui recouvre la tête et s'étend sur une partie du bec et du cou chez le dindon.

Cestodose Parasitose interne de la poule (voir page 62).

Chambre à air Poche d'air située à l'extrémité large de l'œuf, qui fournit de l'oxygène au poussin avant l'éclosion.

Chapon Poulet castré, chirurgicalement ou chimiquement, afin d'accélérer sa croissance et d'améliorer la qualité de la chair (voir page 38).

Clair Se dit d'un œuf qui montre des signes de développement embryologique au mirage (voir page 66).

Cloacite Problème courant chez les poules (voir page 66).

Cloaque Orifice par lequel la poule expulse les œufs et les déjections.

Coccidiose Parasitose interne de la poule (voir page 62).

Cocher Couvrir la femelle en parlant du coq.

Cochin fauve Race de poules (voir page 12).

Cochin naine Race de poules naines (voir page 25).

Concentrés Additifs qui, mélangés à la nourriture, procurent un équilibre de protéines, vitamines et minéraux.

Congélation par air pulsé Méthode de congélation industrielle consistant à souffler de l'air extrêmement froid dans une chambre ou un tunnel.

Coq Mâle âgé de 12 mois ou plus.

Coquelet Mâle âgé de moins de 12 mois.

Corne Qualifie la couleur de bec de certaines races, comme la Rhode Island.

Coucou des Flandres Race de poules (voir page 13).

Couvée Nombre d'œufs qu'une poule, à l'état sauvage, pondrait avant de couver. Aujourd'hui, nombre d'œufs qu'un éleveur permet à une poule de couver.

Couveuse Poule ayant l'instinct naturel de couver ses œufs.

Crampes Problème courant chez les poules (voir page 66).

Crête Excroissance charnue au sommet de la tête de la poule, plus importante chez le coq.

Crête rosacée ou frisée Crête aplatie sur la tête et parsemée de petites protubérances, se terminant par une pointe à l'arrière.

Crête simple Crête droite surmontée de dents.

Croupion Partie inférieure du dos composée des dernières vertèbres.

Cuticule Membrane formée sur la coquille de l'œuf avant la ponte, qui le protège des bactéries.

Débecquage Taille du bec destinée à éviter le picage et le cannibalisme.

Diamant Durcissement de la pointe du bec du poussin qui lui permet de casser la coquille de l'œuf lors de l'éclosion.

Dimorphisme sexuel Différences de caractères physiques entre mâles et femelles de la même race.

Dindonneau Petit du dindon.

Doigt Extrémité de l'aile d'un oiseau, à partir de la dernière articulation.

Dorking argenté saumoné Race de poules (voir page 13).

Dorking rouge à liseré noire Race de poules (voir page 13).

Duvet Premier plumage mou et léger du poussin.

Écailles Elles couvrent les tarses et les doigts des poules et coqs.

Embryon Organisme au premier stade de son développement, dans l'œuf.

Emplumage Perte du duvet chez le poussin au profit de ses premières plumes. Cela se produit généralement 6 à 12 semaines après l'éclosion selon les races.

Endoparasites Parasites vivant à l'intérieur, comme les vers (voir pages 62 et 63).

Enzyme Agent qui favorise la décomposition des aliments dans l'intestin.

Ergot Appendice corné présent sur la face postérieure du tarse des coqs.

Éviscéré Se dit du poulet vendu plumé et débarrassé de la totalité de ses viscères (voir pages 43 à 45).

Face Peau autour et sous les yeux.

Faucilles Longues plumes recourbées recouvrant les rectrices chez le coq.

Faverolles Race de poules (voir page 14).

Fientes Déjections des poules.

Frisée Race de poules (voir page 14).

Gavage Méthode d'engraissement des volailles en les nourrissant de force.

Gésier Partie du système digestif de la poule dans laquelle les aliments sont broyés (voir page 34).

Glande uropygienne Glande située à la base de la queue sécrétant une substance huileuse avec laquelle les canards se lissent les plumes pour les protéger de l'eau et des bactéries.

Gosier (ou Œsophage) Partie des voies digestives entre la bouche et l'estomac (voir page 34).

Gravier (ou Grit) Gravier très fin ou gros sable ; il facilite la digestion des poules, canards et oies (voir page 34).

Hambourg Race de poules (voir page 14).

Hétérakidose Parasitose interne de la poule (voir page 62).

Hollandaise Catégorie de poules naines (voir page 26).

Huppe (ou houppe) Touffe de plumes présente sur la tête de certains oiseaux.

Hybride Résultat du croisement de deux races pures.

Hybrides F1 Sujets de première génération dans un croisement.

Immunité Capacité à résister à l'infection.

Incubateur Appareil d'assistance à la couvaison (voir page 55).

Incubateur à ventilation dynamique Incubateur équipé d'un ventilateur qui fait circuler l'air pour obtenir la température de couvaison optimale (voir page 55).

Incubateur à ventilation statique Incubateur dépourvu de ventilateur (voir page 55).

Incubation Développement de l'embryon dans un œuf fécondé ; l'incubation est naturelle ou artificielle (voir pages 54 à 59).

Indice de conversion alimentaire (ou Indice de consommation) Rapport entre la quantité de nourriture consommée et le poids vif ou le poids d'œufs produit. Par exemple, l'indice de conversion est de 2 pour 2 kg de nourriture donnant 1 kg de poids vif.

Ingestion des œufs Tendance de certaines poules à manger leurs propres œufs (voir page 67).

Isthme Section de l'oviducte où se forment les membranes coquillières au cours du développement de l'œuf.

Jabot Élargissement du gosier où les aliments sont stockés et préparés à la digestion (voir page 34).

Japonaise Catégorie de poules naines (voir page 26).

Jars Oie mâle.

Java Race de poules naines (voir page 27).

Juchoir Voir Perchoir.

Langshan Croad Race de poules (voir page 15).

Legbar crème Race de poules (voir page 15).

Leghorn Race de poules (voir page 15).

Liée au sexe Se dit de la transmission des caractères génétiques quand ceux-ci sont portés sur les chromosomes sexuels.

Liseré Bande qui borde la plume, d'une couleur différente de la couleur de fond.

Litière Matériau - de la paille aux copeaux de bois - composant une couche confortable pour les poules et autres volailles.

Magnum Section de l'oviducte qui sécrète un albumen épais pendant le processus de formation de l'œuf.

Maladie de Newcastle Maladie soumise à une déclaration obligatoire (voir page 64).

Maladie soumise à déclaration Maladie qui doit être signalée aux services vétérinaires.

Mandibule Partie supérieure ou inférieure du bec.

Marans coucou Race de poules (voir page 16).

Marans froment Race de poules (voir page 16).

Marans noir cuivré Race de poules (voir page 16).

Membranes coquillières Les deux membranes à l'intérieur de la coquille qui se séparent pour former la chambre à air à l'extrémité large de l'œuf.

Minorque Race de poules (voir page 17).

Mirage Examen d'un œuf devant une lumière vive visant à déterminer son état interne (voir page 57).

Morbidité Pourcentage de poules affectées par une maladie.

Mue Processus naturel de chute des plumes, suivie de la repousse.

Naine de Pékin Race de vraies naines (voir page 24).

Nankin Race de poules naines (voir page 27).

Nématodes Parasites internes qui affectent les poules et autres volailles, et les animaux en général.

New Hampshire fauve à queue noire Race de poules (voir page 17).

Obstruction du jabot Problème courant chez les poules (voir page 66).

Œsophage Voir Gosier.

Œuf postiche Placé sous la poule pour l'inciter à pondre.

Œuf pourri Œuf dans lequel l'embryon est mort après avoir commencé sa croissance. Le terme s'applique aussi à un œuf en décomposition.

Oison Jeune oie ou jars.

Ordre de picage Hiérarchie qui se met naturellement en place dans un groupe de poules.

Orpington fauve Race de poules (voir page 17).

Os pelviens Partie terminale mince des os de la hanche ; ils permettent de juger la productivité d'une poule pondeuse.

Oviducte Conduit dans lequel se forment les œufs ; il est composé du pavillon, du magnum, de l'isthme, de l'utérus et du vagin.

Ovules Cellules logées dans l'ovaire. Elles tombent dans l'oviducte, puis se transforment en œufs.

Paillette Grosse tache de couleur portée par une plume, de couleur différente de la couleur de fond.

Parasite Organisme qui vit à l'intérieur ou à l'extérieur d'un animal hôte ; il en tire nourriture et protection sans rien fournir en retour.

Parquet Groupe formé d'un coq et de plusieurs poules, à des fins de reproduction.

Pâtée Mélange d'aliments broyés (mouillé ou sec).

Pathogène Qui peut causer une maladie.

Perchoir Barre aux bords arrondis sur laquelle les poules se reposent et dorment.

Persistance de ponte Capacité d'une poule à pondre régulièrement pendant une longue période.

Petites faucilles Plumes souples et recourbées, de part et d'autres des rectrices.

Phénotype Ensemble de caractères héréditaires visibles.

Picage Arrachage des plumes d'une poule par l'une de ses congénères (voir page 67).

Pintadeau Petit de la pintade.

Pipage Action du poussin consistant à percer la coquille de l'œuf.

Plein air Désigne un mode d'élevage selon lequel les poules se promènent en liberté et trouvent un complément naturel à la nourriture qui leur est fournie par l'éleveur.

Plumage Ensemble des plumes recouvrant le corps d'un oiseau.

Plumage dur Une des classifications des poules de concours ; le plumage soyeux est une autre classification.

Plume axiale Plume courte qui marque la séparation entre les rémiges primaires et secondaires.

Plymouth Rock Race de poules (voir page 18).

Plymouth Rock barrée Race de poules (voir page 18).

Pondeuse Qualifie une poule dans un cycle de ponte.

Ponte interne Problème courant chez les poules (voir page 66).

Poule Oiseau femelle qui a passé sa première saison de ponte et est âgée de plus d'un an.

Poule croisée Poule issue de plusieurs ascendances.

Poule naine (ou Bantam). Certaines sont naturellement naines, d'autres sont des versions nanifiées de grandes races. Les « vraies » naines n'ont pas d'équivalent en grandes races (voir pages 23 à 27).

Poule soie blanche Race de poules (voir page 18).

Poule soie bleue Race de poules (voir page 19).

Poule soie noire Race de poules (voir page 19).

Poule soie perdrix Race de poules (voir page 19).

Poulet Jeune oiseau élevé pour sa chair et abattu entre 7 et 12 semaines.

Poulette démarrée Poulette qui a fait ses plumes, mais n'a pas encore commencé à pondre.

Poussin Nom du petit poulet entre l'éclosion et l'apparition des plumes ; dans le commerce, jeune oiseau abattu à un poids vif inférieur à 800 g.

Poux Parasites externes de la poule (voir page 63).

Précocité Rapidité à laquelle une poulette est prête à pondre.

Prédateurs Problème courant dans un poulailler (voir page 67).

Prête à pondre Se dit d'une poulette en âge de pondre.

Prolapsus Problème courant chez les poules (voir page 67).

Puces Parasites externes de la poule (voir page 63).

Rachis Partie centrale de la plume.

Rectrices Plumes droites et rigides de la queue. Chez le mâle, elles sont couvertes par les faucilles et les petites faucilles.

Redcap Race de poules (voir page 20).

Régime équilibré Régime alimentaire contenant tous les ingrédients nécessaires à une croissance saine.

Rémiges primaires Longues plumes raides sur le bord extérieur de l'aile (voir page 43).

Rémiges secondaires Grandes plumes partant du bord de l'avant-bras ; elles sont visibles quand l'aile est déployée (voir page 43).

Rétention d'œuf Blocage dans l'oviducte d'un œuf très gros ou qui s'y est brisé (voir page 67).

Rhode Island rouge Race de poules (voir page 20).

Sebright Race de poules naines (voir page 27).

Sous-couleur Couleur de la partie duveteuse du plumage.

Sussex blanche herminée noir Race de poules (voir page 20).

Sussex fauve Race de poules (voir page 21).

Syngamose Parasitose interne de la poule (voir page 62).

Tache de sang Dans le blanc ou le jaune de l'œuf, elle est provoquée par une légère rupture de vaisseaux sanguins. Elle est détectée au mirage ; l'œuf reste comestible.

Tarse Partie située entre la cuisse et le pied, couverte d'écailles ou emplumée.

Tarses emplumés Caractéristique de certaines races de poules.

Tiques Parasites externes de la poule (voir page 63).

Trachée Partie du système respiratoire qui conduit l'air du larynx aux bronches et aux poumons.

Type Taille et forme d'une poule, qui caractérise sa race.

Uni Se dit d'une race d'une seule couleur, par exemple blanc ou fauve.

Variété Différence de coloris au sein d'une race.

Vigueur hybride Désigne l'augmentation de vigueur ou de capacités d'un hybride par rapport à ses deux parents.

Volaille Terme collectif désignant les oiseaux élevés pour leurs œufs ou pour leur chair – poulets, pintades, cailles, canards, dindes, oies.

Welsumer Race de poules (voir page 21).

Wyandotte argentée à liseré noir Race de poules (voir page 21).

Wyandotte dorée à liseré bleu Race de poules (voir page 22).

Wyandotte dorée à liseré noir Race de poules (voir page 22).

Wyandotte perdrix maillé argenté Race de poules (voir page 22).

Index

Imprimé en Espagne par Graficas Estella, Estella
Dépôt légal : février 2012
305344/04-11029333 juillet 2014